Der
Gemeindewaisenrat
in Bayern

mit den wichtigsten diesbezüglichen Gesetzesbestimmungen und Ministerialbekanntmachungen, insonderheit auch dem

Zwangserziehungsgesetz

und dem

:: **Kinderschutzgesetz** ::

samt den hierzu ergangenen Ausführungs-
:: vorschriften ::

Ein Leitfaden für die bayerischen Waisenräte

Von

Dr. Wilhelm Dennler

K. Notar in Lauf a. P.

Nürnberg und Leipzig
Verlag von U. E. Sebald.

Vorwort.

Mehr als in früherer Zeit wendet sich in der Jetztzeit das öffentliche Interesse der Fürsorge für die Kinder und die heranwachsende Jugend zu.

Es wird als eine der wichtigsten Pflichten der Allgemeinheit erkannt, auf dem Gebiete des Kinderschutzes und der Jugenderziehung von Staats wegen einzugreifen und Maßnahmen zur Förderung der Jugend zu treffen.

Eine Hauptrolle hierbei ist nun dem Gemeindewaisenrat zugewiesen.

Schon das Bürgerliche Gesetzbuch hat ihm in dieser Beziehung verschiedene Aufgaben gestellt; durch das Zwangserziehungs- und Kinderschutzgesetz ist sein Wirkungskreis noch bedeutend erweitert worden.

Die Tätigkeit der Waisenräte und der mit ihnen zusammenarbeitenden Waisenpflegerinnen kann eine überaus segensreiche und wohltätige werden und in sozialer Hinsicht die weittragendsten Folgen haben.

Den bayerischen Waisenräten und Waisenpflegerinnen bei Ausübung ihrer Tätigkeit durch kurze Zusammenstellung der hierfür in Betracht kommenden Vorschriften zu dienen, ist der Zweck der vorwürfigen Schrift.

Lauf, im November 1905.

Dr. Dennler.

Inhaltsverzeichnis.

Abkürzungen.

Ausf.-Best. z. Zw.E.Ges. = Bayer. Ausführungs-Bestimmungen zum Zwangserziehungsgesetz.
Ausf.-G. z. B.GB. = Bayer. Ausführungsgesetz zum Bürgerlichen Gesetzbuch.
B.GB. = Bürgerliches Gesetzbuch.
Just.-Min.-Blatt = Justizministerialblatt f. Bayern.
V.GG. = Bayer. Verwaltungsgerichtshofsgesetz.
V.V. = Vormundschaftsverzeichnis.
Zw.E.Ges. = Zwangserziehungsgesetz vom 10. Mai 1902.

1. Teil.

Begriff und Aufgaben des Gemeindewaisenrats.

Der Gemeindewaisenrat ist ein gemeindliches Hilfsorgan des Vormundschaftsgerichts; er ist eine selbständige gemeindliche Behörde zu dem Zweck, die Gerichte bei Führung der Obervormundschaft zu unterstützen. Diese seine unterstützende Tätigkeit hat sich aber nicht bloß demjenigen Vormundschaftsgericht gegenüber, in dessen Bezirk die Gemeinde liegt, der der Gemeindewaisenrat zugehört, zu entwickeln, sondern allen Vormundschaftsgerichten gegenüber, die für eine Tätigkeit in Ansehung der sich in der betreffenden Gemeinde aufhaltenden Mündel zuständig sind.

Der Gemeindewaisenrat steht aber nicht dem Gericht als eine untere Instanz gegenüber und er ist auch nicht der Dienstaufsicht des Gerichts unterstellt.

Die Zuständigkeit des Gemeindewaisenrats bestimmt sich immer nach dem Aufenthaltsort des Mündels oder Pfleglings, weil die Aufgabe des Gemeindewaisenrats hauptsächlich in der Aufsicht über die Sorge für die Person des Mündels gipfelt, und die Sorge für die Person da überwacht werden muß, wo sich die Person befindet.

Die Aufgaben des Gemeindewaisenrats, die in gewissem Sinne polizeilicher Natur sind, lassen sich zusammenfassen in eine Vorschlagspflicht, Überwachungspflicht, Anzeigepflicht und eine Auskunftspflicht.

1. Kapitel.

Die Vorschlagspflicht.

Diese besteht darin, daß der Gemeindewaisenrat dem Vormundschaftsgerichte diejenigen Personen vorzuschlagen hat, die sich im einzelnen Falle zum Vormund, Pfleger, Beistand oder Mitglied eines Familienrats eignen (§ 1849 B.GB.).

Um diese Aufgabe richtig erfüllen zu können, ist dem Gemeindewaisenrat einige Kenntnis der Voraussetzungen für Aufstellung eines Vormundes, Pflegers u. s. w. notwendig; es sollen deshalb vor allem hier kurz die einschlägigen gesetzlichen Bestimmungen dargestellt werden.

1. Die Vormundschaft.

a) Voraussetzungen der Vormundschaft.

Nach den Grundsätzen des Bürgerlichen Gesetzbuchs ist eine Vormundschaft dann einzuleiten, wenn das Bedürfnis einer allgemeinen Fürsorge für Person und Vermögen vorhanden ist.

Zweck der Vormundschaft ist demnach die allgemeine Fürsorge sowohl für Person als Vermögen, sowohl nach der tatsächlichen Seite wie nach der Seite der Vertretung hin. Eine solche allgemeine Fürsorge ist insbesondere erforderlich bei Minderjährigen.

Minderjährig ist, wer das 21. Lebensjahr noch nicht vollendet hat (§ 2 B.GB.).

Eine Bevormundung eines Minderjährigen hat aber nur dann statt:

wenn er nicht unter elterlicher Gewalt steht, oder

wenn die elterliche Gewalt des Vaters ruht, oder

wenn sein Familienstand nicht zu ermitteln ist.

Unter elterlicher Gewalt steht ein Minderjähriger dann nicht, wenn seine Eltern gestorben sind, also wenn er Vollwaise ist; so lange die Eltern oder wenigstens ein Elternteil noch leben, wird die elterliche Gewalt von dem Vater bezw. von dem einen Elternteil ausgeübt.

Es ist deshalb, wenn der Vater stirbt, für einen Minderjährigen kein Vormund mehr zu bestellen, sondern es steht der Mutter, als der nunmehrigen natürlichen Vormunderin des Kindes, die elterliche Gewalt zu; diese verbleibt ihr aber nur solange, als sie sich nicht wieder verheiratet; in diesem Falle verliert sie die elterliche Gewalt und es ist dem Kinde ein Vormund zu bestellen.

Die Wiederverheiratung des Vaters hat auf die Ausübung der elterlichen Gewalt über seine ersteheliehen Kinder keinen Einfluß. Anders ist es bei den unehelichen Kindern. Deren Erzeuger steht, auch wenn er die Vaterschaft anerkannt hat, keine väterliche Befugnis zu, und der Kindsmutter ist auch nicht die elterliche Gewalt über die unehelichen Kinder eingeräumt; die Kindsmutter hat nur das Recht und die Pflicht für die Person des Kindes, insbesondere für seine Erziehung zu sorgen; die elterliche Gewalt aber und insbesondere das Recht zur Vertretung der Kinder besitzt sie nicht; daraus folgt, daß uneheliche Kinder immer einen Vormund haben müssen, auch wenn die Kindsmutter noch lebt.

Die elterliche Gewalt des Vaters kann wegen rechtlicher Behinderung oder tatsächlicher Behinderung des Gewalthabers ruhen.

Ruht die elterliche Gewalt, so hört der Inhaber derselben nicht auf, Gewalthaber zu sein; er ist aber, so lange das Ruhen dauert, nicht berechtigt, die elterliche Gewalt auszuüben.

Wegen rechtlicher Behinderung ruht sie, wenn der Gewalthaber geschäftsunfähig oder geschäftsbeschränkt ist, oder wenn er infolge körperlicher Gebrechen für seine Person und sein Vermögen einen Pfleger erhalten hat (§ 1676 B.GB.);

Geschäftsunfähig ist der Gewalthaber, wenn er geisteskrank ist;

Geschäftsbeschränkt ist er, wenn er wegen Geistesschwäche, Verschwendung oder Trunksucht entmündigt ist, oder wenn er, weil seine Entmündigung beantragt ist, zur Abwendung einer erheblichen Gefährdung seiner Person und seines Vermögens unter vorläufige Vormundschaft gestellt ist (§ 1906 B.GB.).

Die Bestellung eines Pflegers für den Gewalthaber wegen körperlicher Gebrechen hat insbesondere dann statt, wenn dieser taub, blind oder stumm ist und deshalb seine Angelegenheiten nicht zu besorgen vermag (§ 1910 Abs. 1 B.GB.).

Wegen tatsächlicher Behinderung ruht die elterliche Gewalt, wenn der Gewalthaber auf längere Zeit an deren Ausübung tatsächlich verhindert ist (§ 1672 B.GB.), z. B. wenn er eine mehrjährige Reise angetreten hat, wenn er eine längere Freiheitsstrafe verbüßt, wenn er verschollen ist, wenn er an einer langwierigen Krankheit leidet.

Das Ruhen der elterlichen Gewalt tritt aber in diesen

Fällen nicht ohne weiteres ein, sondern erst auf Grund der Feststellung des Vormundschaftsgerichts, daß der Vater auf längere Zeit an der Ausübung der elterlichen Gewalt tatsächlich verhindert ist.

Das Ruhen der elterlichen Gewalt des Vaters hat aber eine Bevormundung des Minderjährigen immer nur dann zur Folge, wenn die elterliche Gewalt nicht auf die Mutter übergegangen ist, weil ja regelmäßig die Mutter die elterliche Gewalt bei Verhinderung des Vaters ausübt; es muß also, damit eine Bevormundung im gegebenen Fall eintritt, die Mutter entweder gestorben sein oder sie muß sonst aus irgend einem Grunde, z. B., weil sie selbst geisteskrank oder noch minderjährig ist, die elterliche Gewalt nicht ausüben.

Wenn der Minderjährige ein Findelkind ist oder wenn er dem Inhaber der elterlichen Gewalt weggenommen oder sonst abhanden gekommen ist, also wenn der Familienstand des Minderjährigen nicht festzustellen ist, so erhält er ohne weiteres einen Vormund.

Eine allgemeine Fürsorge ist bei Volljährigen nur unter besonderen Umständen notwendig, nämlich nur dann, wenn sie entmündigt sind (§ 1896 B.GB.).

Eine Entmündigung kann erfolgen wegen Geisteskrankheit, wegen Geistesschwäche, wegen Verschwendung oder Trunksucht.

Die Entmündigungen wegen Geisteskrankheit hat Geschäftsunfähigkeit zur Folge (§§ 6, 104 Nr. 3 B.GB.). Bei den anderen Entmündigungen tritt Beschränkung der Geschäftsfähigkeit ein (§ 114 B.GB.).

Es ist also die Notwendigkeit eines allgemeinen Schutzes des Entmündigten sowohl für seine persönliche wie für seine Vermögensangelegenheiten vorhanden.

b) Person des Vormundes.

Zum Amte eines Vormundes sind in erster Linie bestimmte Personen kraft Gesetzes berufen; das Gesetz verleiht nämlich gewissen Personen ein Anrecht auf die Bestellung als Vormund in dem Sinne, daß sie ohne ihre Zustimmung nur unter bestimmten gesetzlichen Voraussetzungen übergangen werden dürfen; bei der Bestimmung dieser Personen war die Erwägung maßgebend, daß es am meisten im Interesse des Mündels liegt, wenn das Amt eines Vormundes vor allem solchen Personen übertragen wird, die das Vertrauen der Eltern dazu beruft, in zweiter Linie solchen Personen, die als die nächsten Angehörigen des Mündels erscheinen. Demzufolge sind zur Vormundschaft nach dem Gesetz berufen (§ 1776 B.GB.):

1. Wer von dem Vater des Mündels als Vormund benannt ist.

Die Benennung erfolgt durch letztwillige Verfügung, also auch in der Form des eigenhändigen Testaments;

die Benennung hat aber für ihre Gültigkeit zur Voraussetzung, daß dem Vater zur Zeit seines Todes die elterliche Gewalt zustand.

2. Wer von der ehelichen Mutter des Mündels als Vormund benannt ist.

Die Benennung erfolgt auch hier durch letztwillige Verfügung wie oben;

die Mutter muß aber immer die eheliche sein, und es muß ihr auch die elterliche Gewalt zur Zeit ihres Todes zustehen;

die uneheliche Mutter hat demnach, da sie der elterlichen Gewalt ermangelt, kein Benennungsrecht.

Bei einem Widerstreit zwischen den Anordnungen des Vaters und der Mutter, sind die des Vaters maßgebend, und zwar auch dann, wenn er vor der Mutter gestorben ist.

3. Gewisse Verwandte:

nämlich die beiderseitigen Großväter des Mündels, jedoch in der Art, daß der väterliche Großvater des Mündels vor dem mütterlichen Großvater kommt;

väterlicher Großvater ist der eheliche Vater des ehelichen Vaters des Mündels;

mütterlicher Großvater ist der eheliche Vater der ehelichen oder unehelichen Mutter des Mündels.

Eine Ausnahme hiervon gibt es aber insofern, als für eine Ehefrau, deren Mann den Großvätern vorgezogen werden darf, und für ein uneheliches Kind die Mutter vor dem Großvater zum Vormund bestellt werden darf (§ 1778 B.GB.).

Die Berufenen haben, soweit nicht die vorerwähnten Ausnahmen bestehen, ein festes Anrecht darauf, als Vormünder bestellt zu werden, das Vormundschaftsgericht muß sie demnach als Vormünder aufstellen; die Übergehung eines Berufenen ist nur unter bestimmten Voraussetzungen zulässig (§ 1778 B.GB.), nämlich:

a) bei Zustimmung des Berufenen:

wenn der Berufene mit der Bestellung eines anderen Vormundes einverstanden ist;

b) bei Unfähigkeit oder Untauglichkeit des Berufenen:

wenn dieser z. B. geschäftsunfähig oder wegen Geistesschwäche, Verschwendung oder Trunksucht entmündigt ist; wenn er minderjährig ist; wenn er infolge körperlicher Gebrechen, insbesondere weil er taub, blind oder stumm ist, zur Besorgung seiner Vermögensangelegenheiten einen Pfleger erhalten hat;

c) bei Verhinderung des Berufenen:

die Verhinderung muß aber eine dauernde sein;

d) bei Verzögerung der Übernahme der Vormundschaft:

ob eine Verzögerung vorliegt, hat das Vormundschaftsgericht nach freiem Ermessen zu bestimmen;

e) bei Gefährdung der Interessen des Mündels durch Bestellung des Berufenen:

ob eine solche Gefährdung im einzelnen Falle gegeben ist, das zu entscheiden, liegt auch wieder im Ermessen des Vormundschaftsgerichts.

Im Falle keine der voraufgeführten letztwillig benannten oder gesetzlich berufenen Personen in Frage kommen oder Gründe für deren Übergehung vorhanden sind, dann hat das Vormundschaftsgericht den Vormund auszuwählen.

Für diese Wahl nun hat der Gemeindewaisenrat bezüglich der etwa schon vom Vormundschaftsgericht in Aussicht genommenen Personen sich **gutachtlich zu äußern** und selbst geeignete Personen **vorzuschlagen** (§§ 1779, 1849 B.GB.).

Das Vormundschaftsgericht hat bei der Auswahl des Vormundes grundsätzlich freie Hand; es sind ihm nur insofern Richtungspunkte gegeben, als es eine Person auswählen soll, die nach ihren persönlichen Verhältnissen und ihrer Vermögenslage, sowie nach den sonstigen Umständen zur Führung der Vormundschaft geeignet ist, die womöglich dem gleichen religiösen Bekenntnis, wie der Mündel angehört und die mit ihm verwandt oder verschwägert ist.

Diesen Anforderungen haben natürlich auch die vom Gemeindewaisenrat vorgeschlagenen Personen zu entsprechen; es dürfen also keine Personen vorgeschlagen werden, die infolge ihrer persönlichen Verhältnisse, ihrer Vermögenslage oder sonstwie zur Führung der Vormundschaft sich nicht eignen.

Ob und inwieweit im einzelnen Falle Hinderungsgründe vorliegen, ist vom Gemeindewaisenrat nach allgemeinen Gesichtspunkten zu entscheiden; er muß dabei allen Umständen Rechnung tragen, die einer zweckdienlichen und ersprießlichen Vormundschaftsführung im Wege stehen könnten; er darf also, was die persönlichen Verhältnisse anbelangt, nicht eine Person vorschlagen, die z. B. einen lüderlichen oder unsittlichen Lebenswandel führt, oder die an einer schweren Krankheit leidet; bezüglich der Vermögenslage darf nicht eine Person vorgeschlagen werden, deren Vermögensverhältnisse zerrüttet sind, und hinsichtlich der sonstigen Umstände ist beim Vorschlag immer darauf zu achten, daß Vormund und Mündel im allgemeinen aus dem gleichen Stand und der gleichen Bildungsklasse sind und daß der Vormund überhaupt ein gewisses Maß von Bildung hat, daß er also insbesondere wenigstens lesen und schreiben kann.

Besondere Rücksicht ist auf das religiöse Bekenntnis des Mündels zu legen; es soll also womöglich immer eine Person als Vormund vorgeschlagen werden, die dem gleichen Religionsbekenntnisse wie der Mündel angehört, ohne daß natürlich Verschiedenheit des Glaubensbekenntnisses an sich zur Vormundschaft untauglich machte.

Sind taugliche Verwandte oder Verschwägerte des Mündels vorhanden, gleichgültig, ob von väterlicher oder mütterlicher Seite, so sind diese vor allem vorzuschlagen; der Grund hierfür ist, daß das Interesse des Mündels in der Regel von denjenigen Personen am besten gewahrt wird, die durch das Band der Familie mit ihm verbunden sind, und weil die Übernahme der Vormundschaft in solchen Fällen auch meist als eine moralische Pflicht angesehen wird, während andererseits fremde Personen mit Recht eine Belästigung darin erblicken können, daß sie zum Vormund herangezogen werden, wenn die Anverwandten sich der Sorge um den Mündel entziehen und von der Vormundschaft freigelassen werden (Mot. z. B.GB. Bd. 4 S. 749).

Jedoch haben die übrigen Verwandten und Verschwägerten des Mündels nicht, wie die Großväter, einen Rechtsanspruch darauf, als Vormünder bestellt zu werden. Auch kommt bei ihnen die Gradesnähe nicht in Betracht; es kann also ganz gut ein entfernterer Verwandter, wenn er der tauglichere ist, vor einem näheren zum Vormund bestellt werden.

Die Auswahl einer Person zum Vormund ist aber immer davon abhängig, daß die Person zur Führung der Vormundschaft auch sonst fähig und tauglich ist;

der Gemeindewaisenrat darf also keine Person als Vormund vorschlagen, die zur Übernahme der Vormundschaft unfähig oder untauglich ist.

Unfähig zur Übernahme einer Vormundschaft ist nun:

1. Wer geschäftsunfähig ist.

Als solcher gilt nach § 104 B.GB.:

a) Wer das 7. Lebensjahr noch nicht vollendet hat,

b) Wer sich in einem, die freie Willensbetätigung ausschließenden Zustand krankhafter Störung der Geistestätigkeit befindet, sofern nicht der Zustand seiner Natur nach ein vorübergehender ist.

c) Wer wegen Geisteskrankheit entmündigt ist.

2. Wer wegen Geistesschwäche, Verschwendung oder Trunksucht entmündigt ist.

Die zur Vormundschaft unfähigen Personen können zum Vormund überhaupt nicht bestellt werden;

erfolgt doch ihre Aufstellung als Vormund, so ist diese nichtig; es wird so angesehen, als hätte der Mündel überhaupt keinen Vertreter;

die von einem solchen Vormund für den Mündel vorgenommenen Rechtsgeschäfte sind ungültig.

Untauglich zum Vormund ist:

1. Wer minderjährig ist;

minderjährig ist, wer das 21. Lebensjahr noch nicht vollendet hat;

dieses Hindernis gilt nicht, wenn der Minderjährige für volljährig erklärt ist.

2. Wer unter vorläufige Vormundschaft gestellt ist,

diese hat bei einem Volljährigen, dessen Entmündigung beantragt ist, statt, wenn das Vormundschaftsgericht sie zur Abwendung einer erheblichen Gefährdung der Person oder des Vermögens des Volljährigen für erforderlich erachtet (§ 1906 B.GB.).

3. Wer wegen körperlicher Gebrechen einen Pfleger für seine Person und sein Vermögen oder wegen geistiger oder körperlicher Gebrechen einen Pfleger für seine Vermögensangelegenheiten erhalten hat (§ 1900 B.GB.).

Keine Untauglichkeit tritt aber dann ein, wenn jemand lediglich für einzelne seiner Angelegenheiten oder nur für einen bestimmten Kreis seiner Angelegenheiten einen Pfleger erhalten hat.

4. Wer in Konkurs geraten ist, während der Dauer des Konkurses.

5. **Wer der bürgerlichen Ehrenrechte für verlustig erklärt ist,** während der im Urteil festgesetzten Zeit, es sei denn, daß es sich um Verwandte absteigender Linie handelt, und die vormundschaftsgerichtliche Behörde oder der etwa vorhandene Familienrat die Genehmigung zur Aufstellung als Vormund erteilt;

Auf Verlust der bürgerlichen Ehrenrechte kann neben der Todesstrafe und Zuchthausstrafe immer, neben der Gefängnisstrafe aber nur dann erkannt werden, wenn die Dauer der erkannten Strafe 3 Monate erreicht und entweder das Gesetz den Verlust der bürgerlichen Ehrenrechte ausdrücklich zuläßt oder die Gefängnisstrafe wegen Annahme mildernder Umstände an Stelle von Zuchthausstrafe ausgesprochen wird.

6. Wer durch **Anordnung des Vaters** oder der **ehelichen Mutter des Mündels von der Vormundschaft ausgeschlossen ist** (§ 1782 B.GB.).

Dieses Ausschließungsrecht ist das Gegenstück zum Benennungsrecht; beide Rechte stellen sich als Nachwirkungen der elterlichen Gewalt und gewissermaßen als eine Verfügung über die mit derselben verbundenen Befugnisse in Ansehung der Sorge für die Person und das Vermögen des Kindes dar. Die Voraussetzung ihrer Ausübung ist daher auch, daß dem Vater oder der Mutter zur Zeit ihres Todes die elterliche Gewalt über das Kind zustand und daß ihre Vertretungsbefugnis weder in persönlichen noch in Vermögensangelegenheiten aufgehoben war; eine Witwe also, die sich wieder verheiratete, kann eine derartige Ausschließung nicht anordnen, weil sie ja durch die Wiederverheiratung die elterliche Gewalt über ihr Kind verliert, und ebensowenig kann dies seitens der unehelichen Mutter geschehen, weil ja auch diese keine elterliche Gewalt über ihr uneheliches Kind besitzt; andererseits ist demnach auch die Ausschließung bei der Vormundschaft über Volljährige nicht möglich.

Die Form der Ausschließung ist wie bei der Benennung die der letztwilligen Verfügung, also auch durch eigenhändiges Testament.

Das Ausschließungsrecht kann immer nur gegenüber bestimmt bezeichneten Personen ausgeübt werden.

Anordnungen, die auf den Ausschluß ganzer Personalklassen gerichtet sind, sind unzulässig.

Anderen Personen als den Vater oder der Mutter ist das Ausschließungsrecht nicht eingeräumt; insbesondere kann also ein solches auch nicht vom Großvater geltend gemacht werden.

Bei Widerspruch zwischen den bezüglichen Anordnungen des Vaters und der Mutter, wenn also der Vater einen Vormund benannt, die Mutter diesen aber wieder ausgeschlossen hat, so geht die Anordnung des Vaters der der Mutter vor;

der Ausschließungswille ist auch dann zu beachten, wenn das Mißtrauen ungerechtfertigt war. Ein Grund für die Ausschließung braucht nicht angegeben zu werden.

Die Bestellung einer untauglichen Person ist gültig;

der Vormundschaftsrichter ist aber für den dem Mündel hieraus etwa erwachsenen Schaden haftbar und auch zur Entlassung des Vormundes verpflichtet.

Besondere Bedingungen obwalten bezüglich der Führung der Vormundschaft seitens einer Frau und der seitens eines Beamten oder Religionsdieners:

a) Grundsätzlich ist eine Frau und zwar gleichgültig ob sie verheiratet, ledig oder verwitwet ist, zur Führung der Vormundschaft befähigt;

eine Ehefrau darf aber nur mit Zustimmung ihres Mannes zum Vormund bestellt werden. Der Grund für diese Beschränkung ist im Interesse des Ehemanns geschaffen, weil eine Ehefrau durch Bestellung als Vormund nicht den ihr infolge der ehelichen Gemeinschaft obliegenden Pflichten, so insbesondere der Leitung des ehelichen Hauswesens, entzogen werden soll;

eine Ausnahme davon gibt es nur für den Fall, daß die Frau mit dem Vater des Mündels verheiratet ist, da in diesem Falle die Führung der Vormundschaft durch die Frau niemals als unvereinbar mit den ihr auf Grund der ehelichen Gemeinschaft obliegenden Pflichten betrachtet werden kann. Dieser Ausnahmefall kann insbesondere dann vorliegen, wenn der Vater die elterliche Gewalt verwirkt hat oder ihm die Sorge für die Person oder das Vermögen des Kindes entzogen worden ist.

Eine Verwirkung der elterlichen Gewalt tritt dann ein, wenn der Vater wegen eines an dem Kinde verübten Verbrechens oder vorsätzlich verübten Vergehens zu Zuchthausstrafe oder zu einer Gefängnisstrafe von mindestens sechs Monaten rechtskräftig verurteilt ist (§ 1680 B.GB.);

die Entziehung der Sorge für die Person oder das Vermögen des Kindes erfolgt dann, wenn der Vater das Recht des Kindes auf Gewährung des Unterhalts verletzt und für die Zukunft eine erhebliche Gefährdung des Unterhalts zu besorgen ist (§ 1666 Abs. 2 B.GB.).

Die Bestellung einer Ehefrau ohne die erforderliche Zustimmung ihres Mannes ist gültig; jedoch haftet der Vormundschaftsrichter für den aus der vorschriftswidrigen Bestellung dem Mündel etwa erwachsenden Schaden und ist auch verpflichtet, die Frau zu entlassen.

b) Ein Beamter oder Religionsdiener, der einer besonderen Erlaubnis zur Übernahme einer Vormundschaft bedarf, soll nicht ohne die vorgeschriebene Erlaubnis zum Vormund bestellt werden.

Diese Personen dürfen im öffentlichen Interesse nur dann als Vormünder bestellt werden, wenn sie die erforderliche dienstliche Bewilligung zur Annahme des Vormundes erhalten haben.

Ob eine solche Bewilligung erforderlich ist, bestimmt sich nach Landesrecht;-

in Bayern ist nach der hiernach maßgebenden Verordnung vom 10. März 1868 sämtlichen Beamten und öffentlichen Dienern nur die Anzeige von der Übernahme des Amtes als Vormund oder Pfleger an die zunächst vorgesetzte Stelle oder Behörde vorgeschrieben, welch letztere aus dienstlichen Rücksichten, „im Falle eintretender oder zu befürchtender Kollisionen mit Amtspflichten" die Fortführung des Amtes untersagen kann. — Dagegen bedürfen die Militärpersonen des Friedensstandes und die Zivilbeamten der Militärverwaltung von vornherein zur Übernahme von Vormundschaften der Genehmigung ihrer Vorgesetzten.

Was die Reichsbeamten anbelangt, so gibt das Reichsbeamtengesetz vom 31. März 1873 keine bezügliche Vorschrift; nach § 19 dieses Gesetzes finden aber auf die Rechtsverhältnisse der aktiven und aus dem Dienst geschiedenen Reichsbeamten, über welche nicht durch Reichsgesetz Bestimmung getroffen worden ist, diejenigen gesetzlichen Vorschriften Anwendung, welche an ihren Wohnorten für die aktiven, beziehungsweise aus dem Dienste geschiedenen Staatsbeamten gelten.

Für die Angehörigen der Marine fehlt es gänzlich an einer entsprechenden Bestimmung.

In Preußen gilt nach § 22 der Vormundschaftsordnung vom 5. Juli 1875 die Bestimmung, daß, wer ein Staats- oder ein besoldetes Amt in der Kommunal- oder Kirchenverwaltung bekleidet, zur Führung einer Vormundschaft der Genehmigung seiner zunächst vorgesetzten Behörde bedarf.

Die Bestellung eines Vormundes ohne die erforderliche Erlaubnis ist gültig; der Vormundschaftsrichter ist aber dem Mündel für den etwa hieraus erwachsenen Schaden haftbar.

Mit Rücksicht auf die Wirkungen der Aufstellung einer unfähigen und untauglichen Person als Vormund wird der Gemeindewaisenrat von vornherein keine solchen Personen als Vormund in Vorschlag bringen.

Dem Gemeindewaisenrat werden natürlich diese Unfähigkeits- oder Untauglichkeitsgründe bekannt sein; ist er, um sich bezüglich des Vorschlags einer Person Gewißheit zu verschaffen, gezwungen, Erkundigungen einzuziehen, so hat dies in unauffälliger Weise und so zu geschehen, daß derjenige, über den sie eingezogen werden, sich nicht verletzt fühlen kann.

Die Übernahme einer Vormundschaft ist grundsätzlich eine öffentlich rechtliche, eine staatsbürgerliche Pflicht;

diese Zwangspflicht wurde aufgestellt, weil erfahrungsgemäß auf die Bereitschaft zu einer freiwilligen Übernahme des Amtes keineswegs in allen Fällen mit Sicherheit gerechnet werden kann (Mot. z. B.GB. Bd. 4 S. 1063).

Die Übernahme der Vormundschaft ist zwar nicht im Rechtswege zu erzwingen; der Vormundschaftsrichter kann aber den als Vormund Ausgewählten durch Anordnung von Ordnungsstrafen zur Übernahme des Amtes veranlassen, und außerdem ist der Verpflichtete bei grundloser Weigerung dem Mündel auf Schadenersatz verhaftet. Dem Charakter des Bürgerlichen Gesetzbuchs als eines gemeinsamen deutschen Gesetzbuchs entsprechend ist aber diese Pflicht an die Reichsangehörigkeit geknüpft, nicht jedoch an die Staatsangehörigkeit in dem betr. einzelnen Bundesstaat, in dem die Bevormundung einzutreten hat.

Die Reichsangehörigkeit wird nach § 1 des Gesetzes über den Erwerb und Verlust der Bundes- und Staatsangehörigkeit vom 1. Juni 1870 durch die Staatsangehörigkeit in einem Bundesstaat erworben und endigt mit deren Verlust.

Ausländer, also Nichtreichsangehörige, sind zur Übernahme einer Vormundschaft nicht verpflichtet; es können deshalb gegen diese bei einer allenfallsigen Weigerung keine Zwangsmittel angewendet werden; selbstverständlich aber können Ausländer mit ihrer Zustimmung zu Vormündern bestellt werden.

Abgesehen von den Ausländern können aber auch eine Reihe anderer Personen zum Vormund nur mit ihrer Zustimmung bestimmt werden, mit anderen Worten sie können die Übernahme des Amtes eines Vormundes, zu dem sie ausgewählt sind, ablehnen.

Ablehnungsberechtigt ist nun:

1. Eine Frau.

Unter dem Wort „Frau" sind die weiblichen Personen im allgemeinen verstanden; es kommt also nicht darauf an, ob die weibliche Person ledig, verheiratet, geschieden oder verwitwet ist;

für das Ablehnungsrecht ist es gleichgültig, ob die Frauensperson mit dem Mündel verwandt ist oder nicht, ob sie zur Vormundschaft in obigem Sinne berufen ist oder nicht; es kann also auch die Ehefrau, die zum Vormund ihres eigenen Mannes bestellt werden soll, ablehnen.

2. Wer das 60. Lebensjahr vollendet hat; gleichgültig ist, ob er noch rüstig ist oder nicht.

3. Wer mehr als 4 minderjährige eheliche Kinder hat.

Diese Vorschrift beruht auf der Erwägung, daß es unbillig ist, demjenigen, welchem bereits im eigenen Hause die Last der Sorge für eine größere Anzahl eigener Kinder obliegt, daneben noch die Last aufzuerlegen, für fremde Kinder sorgen zu müssen.

Ablehnungsberechtigt ist demnach derjenige, der 5 oder mehr minderjährige eheliche Kinder hat; volljährige oder für volljährig erklärte Kinder werden also nicht gezählt, ebenso auch nicht die Kinder, die von einem Dritten an Kindes Statt angenommen sind.

Berücksichtigt werden auch nur die ehelichen Kinder;

den ehelichen Kindern stehen aber die durch nachfolgende Ehe oder Ehelichkeitserklärung legitimierten oder die an Kindes Statt angenommenen Kinder gleich.

In Betracht kommen andererseits jedoch nur Kinder im eigentlichen Sinne, nicht auch Enkel oder noch entferntere Abkömmlinge; gleichgültig ist es, ob die Kinder verheiratet sind oder nicht; ob sie zu Hause sind oder nicht.

4. Wer durch Krankheit oder durch Gebrechen verhindert ist, die Vormundschaft ordnungsmäßig zu führen;

über das Vorliegen dieser Voraussetzung entscheidet das Vormundschaftsgericht nach freiem Ermessen.

5. Wer wegen Entfernung seines Wohnsitzes von dem Sitz des Vormundschaftsgerichts die Vormundschaft nicht ohne besondere Belästigung führen kann.

Maßgebend für das Vorhandensein dieses Ablehnungsgrundes ist lediglich die Entfernung des Wohnsitzes des Vormundes vom Sitze des Vormundschaftsgerichts.

Ist diese eine solche, daß die Vormundschaft nur mit besonderer Belästigung geführt werden könnte, so ist der Vormund zur Ablehnung berechtigt;

eine solch besondere Belästigung wird man wohl dann annehmen können, wenn schlechte Verkehrsverbindungen zwischen dem Wohnort des Vormundes und dem Gerichtssitze bestehen.

Auf die Lage des Wohnorts des Vormundes im Bezirk des Vormundschaftsgerichts kommt es nicht an;

ablehnungsberechtigt kann deshalb unter Umständen auch ein im Gerichtsbezirk Wohnender erscheinen, während andererseits auch ein außerhalb des Gerichtsbezirks, ja sogar in einem anderen Bundesstaat Wohnender zur Übernahme der Vormundschaft verpflichtet sein kann.

Ob tatsächlich die Entfernung eine die Führung der Vormundschaft so behindernde ist, hat ebenfalls das Vormundschaftsgericht nach freiem Ermessen zu entscheiden.

Der „Wohnsitz" einer Person ist dort, wo sie den Mittelpunkt ihrer wirtschaftlichen Tätigkeit hat.

Es ist auch möglich, daß jemand mehrere Wohnsitze hat.

6. Wer vom Vormundschaftsgericht angehalten wird, für das seiner Verwaltung als Vormund unterliegende Vermögen Sicherheit zu leisten.

Eine allgemeine Verpflichtung des Vormundes für das seiner Verwaltung unterliegende Vermögen Sicherheit zu leisten, besteht nicht mehr; nur unter besonderen Umständen kann das Vormundschaftsgericht Sicherheitsleistung verlangen; der hierfür in Anspruch genommene ist dann aber auch zur Ablehnung der Vormundschaft berechtigt.

7. Wer mit einem Andern zur gemeinschaftlichen Führung der Vormundschaft bestellt werden soll.

In der Regel wird für jeden Mündel nur ein Vormund bestellt; dasselbe ist der Fall, wenn mehrere Geschwister zu bevormunden sind;

aus besonderen Gründen, wie z. B. wegen großen Umfangs des Mündelvermögens kann jedoch die Bestellung mehrerer Vormünder für mehrere Geschwister, oder auch nur fur einen Mündel veranlaßt sein.

Die Vormundschaft wird von den Vormündern gemeinschaftlich geführt, daher der Name „Mitvormünder.“

Die Bestellung zum Mitvormund braucht nun niemand anzunehmen, weil es zu großen Härten führen könnte, wenn jemand sich gefallen lassen müßte, mit einem andern zur gemeinschaftlichen Führung der Vormundschaft bestellt zu werden, sowohl mit Rücksicht auf die eigene Verantwortlichkeit, als auf die Notwendigkeit, in seiner Amtsführung an einen ihm vielleicht persönlich unangenehmen und unbequemen Mitvormund gebunden zu sein.

8. **Wer mehr als eine Vormund- oder Pflegschaft führt.**

Zweck dieser Bestimmung ist, einen Schutz gegen eine unbillige Heranziehung zum Vormundschaftsdienste zu bieten.

Derjenige also, der schon zwei Vormundschaften oder zwei Pflegschaften oder eine Vormundschaft und eine Pflegschaft hat, braucht keine weitere Vormundschaft mehr anzunehmen. Gleichgültig ist, ob es sich um einfache oder schwierige Vormundschaften bezw. Pflegschaften handelt.

Die Führung einer Pflegschaft steht in der fraglichen Beziehung der einer Vormundschaft gleich, weil die Pflegschaft von der Vormundschaft begrifflich nicht verschieden ist und auch umfänglich der letzteren in vielen Beziehungen keineswegs nachsteht.

Die Führung einer Gegenvormundschaft gibt noch kein Ablehnungsrecht; dagegen werden zwei Gegenvormundschaften einer Vormundschaft gleichgestellt; daraus folgt, daß, wer vier Gegenvormundschaften oder zwei Gegenvormundschaften und eine Vormundschaft oder Pflegschaft führt, ablehnen kann; Vormundschaft und Gegenvormundschaft geben jedoch keine zwei Vormundschaften Die Vormundschaft oder Pflegschaft über mehrere Geschwister gilt immer nur als eine Vormundschaft beziehungsweise Pflegschaft.

Die Zahl der Geschwister ändert hieran nichts; also auch wenn es mehr als 5 Geschwister sind oder wenn das verschiedene Vermögen der Geschwister gesondert verwaltet wird, wird die Geschwistervormundschaft immer nur als eine Vormundschaft betrachtet.

Gleichgültig ist es auch, ob die Geschwister voll- oder halbbürtig sind oder ob sie, wenn unehelich, den gleichen Vater haben oder nicht.

9. Ausländer.

Diese können, wie oben bemerkt, nur mit ihrer Zustimmung zu Vormündern bestellt werden.

10. Die wegen Unfähigkeit oder Untauglichkeit oder durch Anordnung des elterlichen Gewalthabers von der Führung der Vormundschaft Ausgeschlossenen (siehe Seite 10 ff.).

11. Die Militärpersonen des Friedensstandes und die Zivilbeamten der Militärverwaltung.

Das Ablehnungsrecht der letztgenannten Personen beruht auf der Bestimmung des § 41 des Reichsmilitärgesetzes vom 2. Mai 1874.

2. Die Gegenvormundschaft.

Die Aufgabe des Gegenvormundes ist im wesentlichen die Überwachung des Vormundes (§ 1792 B.GB).

Er hat nämlich darauf zu achten, daß der Vormund pflichtmäßig die Vormundschaft führt, und zwar nicht nur hinsichtlich der Vermögensverwaltung, sondern auch hinsichtlich der Person des Mündels, wenn auch die Hauptaufgabe des Gegenvormundes immer auf dem Gebiete der Vermögensinteressen des Mündels liegt.

Infolge seiner Überwachungspflicht hat der Gegenvormund dem Vormundschaftsgerichte Pflichtwidrigkeiten des Vormundes, sowie jeden Fall anzuzeigen, in dem das Vormundschaftsgericht zum Einschreiten berufen ist, so insbesondere den Tod des Vormundes oder das Eintreten eines anderen Umstandes, der das Amt des Vormundes zur Endigung bringt oder die Entlassung des Vormundes erforderlich macht.

Die Bestellung eines Gegenvormundes kann in jedem Falle erfolgen; sie soll aber nur dann stattfinden, wenn mit der Vormundschaft nicht unerhebliche Vermögensverwaltung verbunden ist und die Vormundschaft nicht von mehreren Vormündern gemeinschaftlich geführt wird (§ 1792 Abs. 2 B.GB.).

Für Berufung und Bestellung des Gegenvormundes gelten die gleichen Bestimmungen wie bei dem Vormund; es kann also auch der Gegenvormund von den Eltern des Mündels letztwillig benannt werden, und es hat, wenn der väterliche Großvater Vormund geworden ist, der mütterliche Großvater ein Anrecht darauf, als Gegenvormund bestellt zu werden, andererseits darf auch nicht zum Gegenvormund bestellt werden, wer durch Anordnung der Eltern von der Vormundschaft ausgeschlossen worden ist.

3. Die Pflegschaft.

Eine Pflegschaft ist im Gegensatze zur Vormundschaft dann einzuleiten, wenn das Bedürfnis vormundschaftlichen Schutzes nur für einzelne Angelegenheiten vorliegt.

Fälle der Pflegschaft sind insbesondere:

a) Wenn der Inhaber der elterlichen Gewalt oder der Vormund an der Besorgung der ihnen in dieser Eigenschaft zukommenden Angelegenheiten verhindert sind (§ 1909 B.GB.).

Der Grund einer solchen Verhinderung kann ein tatsächlicher oder rechtlicher sein;

ein tatsächlicher ist er dann, wenn der Vormund oder Gewalthaber krank oder abwesend ist;

ein rechtlicher dann, wenn und insoweit dem Gewalthaber oder Vormund die Sorge für die Person oder das Vermögen des Mündels nicht zusteht oder deren Vertretungsbefugnis ausgeschlossen ist;

die Sorge für die Person des Mündels steht z. B. dem Vormund dann nicht zu, wenn er nicht dem gleichen Glaubensbekenntnisse wie der Mündel angehört, dem Vormund die Fürsorge vom Vormundschaftsgericht entzogen und zur Wahrnehmung der religiösen Interessen ein Pfleger bestellt wurde;

die Vermögensverwaltung steht z. B. dem Gewalthaber oder dem Vormund dann nicht zu, wenn und solange über deren Vermögen das Konkursverfahren schwebt (§ 1647 B.GB.);

die Vermögensverwaltung steht dem Gewalthaber oder dem Vormund bezüglich desjenigen Vermögens nicht zu, das der Mündel von Todes wegen erwirbt oder das ihm unter Lebenden von einem Dritten unentgeltlich zugewendet wird, wenn der Erblasser durch letztwillige Verfügung, der Dritte bei der Zuwendung bestimmt hat, daß dem Gewalthaber oder dem Vormund die Vermögensverwaltung über die Zuwendung nicht zustehen soll (§ 1909 B.GB).

Die Vertretungsbefugnis des elterlichen Gewalthabers oder des Vormundes ist in einer Reihe von Fällen kraft Gesetzes ausgeschlossen, um eine etwaige Gefährdung der Interessen des Mündels zu verhüten (§.1630 Abs. 2, §§ 1795, 1796 B.GB.).

Diese Ausschließung tritt ein:

bei einem Rechtsgeschäft zwischen dem Mündel einerseits und dem elterlichen Gewalthaber oder Vormund andererseits § 1795 Abs. 2, § 181 B.GB);

bei einem Rechtsgeschäft oder Rechtsstreit zwischen dem Mündel einerseits und dem Ehegatten oder einem Verwandten in gerader Linie des Gewalthabers (Vormundes) andererseits (§ 1795 Nr. 1, 3 B.GB.);

bei einem Rechtsgeschäft, das die Übertragung oder Belastung einer durch Pfandrecht, Hypothek oder durch Bürgschaft gesicherten Forderung des Mündels gegen den Gewalthaber (Vormund) oder die Aufhebung oder Minderung dieser Sicherheit zum Gegenstand hat oder die Verpflichtung des Mündels zu einem dieser Rechtsgeschäfte begründet sowie bei einem Rechtsstreit über eine Angelegenheit dieser Art (§ 1795 Nr 2, 3 B.GB.)

Außerdem kann das Vormundschaftsgericht die Verfügungsmacht des Gewalthabers (Vormundes) wegen Interessenkollision ausschließen, wenn die Interessen des Mündels zu denen des elterlichen Gewalthabers im erheblichen Gegensatz stehen.

b) Wenn ein Volljähriger infolge körperlicher Gebrechlichkeit, insbesondere weil er taub, blind oder stumm ist, seine Angelegenheiten nicht zu besorgen vermag;

in diesem Falle kann der Mündel einen Pfleger über sein Vermögen erhalten.

c) Wenn ein Volljähriger zur Besorgung einzelner Angelegenheiten oder eines bestimmten Kreises dieser Angelegenheiten infolge geistiger oder körperlicher Gebrechen nicht imstande ist;

dann ist ebenfalls ein Pfleger für die Besorgung dieser Angelegenheiten zu bestellen.

Verschieden davon ist der Fall, daß ein Volljähriger infolge geistiger Gebrechen allgemein nicht zur Besorgung seiner Angelegenheiten befähigt ist; dann ist er wegen Geisteskrankheit oder Geistesschwäche zu entmündigen und ist ihm ein Vormund zu bestellen.

Für die Pflegschaft gelten im allgemeinen die gleichen Grundsätze wie für die Vormundschaft (§ 1915 B.GB.).

Demgemäß sind vor allem auch die gleichen Personen wie bei der Vormundschaft nacheinander berufen, also zunächst wer von dem Vater des Mündels als Pfleger benannt ist, dann, wer von der ehelichen Mutter des Mündels als Pfleger benannt ist, dann der Großvater des Mündels von väterlicher Seite und dann der Großvater des Mündels von mütterlicher Seite (§ 1776 B.GB.).

Nur für die Pflegschaft, die für einen unter elterlicher Gewalt oder Vormund Stehenden deshalb einzuleiten ist, weil der Gewalthaber oder Vormund an der Besorgung des betreffenden Geschäfts verhindert ist, gilt diese Bestimmung nicht; es ist für diese Pflegschaften im Interesse des Mündels angemessener, den Pfleger gerade nicht aus dem Kreise der nächsten Angehörigen des Mündels zu nehmen, da wegen der Verwandtschaftsbeziehungen der letzteren Befangenheit derselben oder Mangel an Energie gegenüber dem Vormunde oder Gewalthaber zum Nachteil des Mündels zu besorgen ist;

es ist daher in diesen Fällen der Pfleger vom Vormundschaftsgericht nach freiem Ermessen auszuwählen (§ 1916 B.GB.).

Von den im allgemeinen für die Berufung zum Pfleger geltenden Grundsätzen besteht weiter eine Ausnahme für den Fall, daß die Pflegschaft notwendig ist zur Verwaltung von Vermögen, das eine unter elterliche Gewalt oder Vormund stehende Person durch letztwillige Verfügung oder durch unentgeltliche Zuwendung unter Lebenden bei gleichzeitiger Ausschließung der Verwaltungsbefugnisse des Gewalthabers oder Vormundes erhält;

hier ist zunächst als Pfleger derjenige berufen, wer als solcher von dem Erblasser durch letztwillige Verfügung oder von dem Dritten bei der Zuwendung benannt ist (§ 1917 B.GB.).

4. Die Beistandschaft.

Einen Beistand erhält eine Mutter, wenn sie die elterliche Gewalt ausübt.

Aufgabe des Beistandes ist, die Mutter bei der Ausübung der elterlichen Gewalt einesteils zu unterstützen, anderenteils aber auch zu überwachen, und dem Vormundschaftsgericht jeden Fall unverzüglich anzuzeigen, in dem dieses zum Einschreiten berufen ist (§ 1689 B.GB.).

Der Beistand ist also nicht Vertreter des Kindes; dieser ist und bleibt die Mutter, als Inhaberin der elterlichen Gewalt; eine Ausnahme hiervon hat nur in dem Falle Platz, wenn dem Beistand auf Wunsch der Mutter die Vermögensverwaltung ganz oder teilweise übertragen ist; dann erlangt der Beistand die rechtliche Stellung eines Pflegers und wird in vermögensrechtlicher Beziehung auch Vertreter des Kindes (§ 1693 B.GB.).

Ein Beistand wird der Mutter aber nicht in allen Fällen beigegeben, sondern nur dann:

1. Wenn der Vater die Bestellung letztwillig angeordnet hat.

2. Wenn die Mutter die Bestellung eines Beistandes beantragt.

3 Wenn das Vormundschaftsgericht aus besonderen Gründen die Bestellung eines Beistandes im Interesse des Kindes für nötig erachtet, insbesondere wegen des Umfangs oder der Schwierigkeit der Vermögensverwaltung oder in den Fällen einer Gefährdung des Kindesvermögens durch den Vater oder eines Vermögensverfalls des Vaters (§ 1687 B.GB.).

In den letzteren Fällen erfolgt die Bestellung auch gegen den Willen der Mutter.

Als „besonderen" Grund muß es auch erachtet werden, wenn die Mutter den gesetzlichen Vorschriften über die religiöse Erziehung der Kinder nachzukommen sich beharrlich weigert.

Der Wirkungskreis des Beistandes kann sich auf alle Angelegenheiten des Kindes, sowohl persönliche, wie vermögensrechtliche, erstrecken; er kann aber auch auf einzelne Angelegenheiten beschränkt sein (§ 1688 B.GB.).

Die Berufung des Beistandes erfolgt nach den gleichen Grundsätzen wie beim Vormund; es ist also bei Auswahl des Beistandes in erster Linie diejenige Person zu berücksichtigen, die von dem verstorbenen Vater des Kindes letztwillig als Beistand benannt ist, dann folgen die Großväter des Kindes (§ 1694 B.GB.).

5. Der Familienrat.

Regelmäßiges Organ der Obervormundschaft ist das Gericht; unter gewissen Voraussetzungen kann aber an Stelle des Gerichts als obervormundschaftliches Organ ein Familienrat treten.

Der Familienrat wird vom Vormundschaftsgericht eingesetzt, aber nicht von Amts wegen oder nach Belieben, sondern nur unter gewissen Voraussetzungen, nämlich:

a) Wenn der Vater oder die eheliche Mutter des Mündels letztwillig die Einsetzung angeordnet hat, oder

b) Wenn ein Verwandter oder Verschwägerter des Mündels oder der Vormund oder Gegenvormund die Einsetzung beantragt und das Vormundschaftsgericht sie im Interesse des Mündels für angemessen erachtet (§ 1859 B.GB.).

Antragsberechtigt ist jeder Verwandte oder Verschwägerte ohne Rücksicht auf die Nähe des Verwandtschaftsgrades; der Antrag braucht nicht von mehreren der Berechtigten gestellt zu werden; es genügt der Antrag eines einzelnen.

Das Vormundschaftsgericht braucht aber, wie gesagt, dem Antrag nur stattzugeben, wenn es die Einsetzung eines Familienrats im Interesse des Mündels für angemessen erachtet.

Fälle der Zweckmäßigkeit eines Familienrats werden, wie die Gesetzesmotive bemerken, insbesondere dann gegeben sein, wenn es sich um die Fortsetzung bedeutender landwirtschaftlicher oder industrieller, zum Vermögen des Mündels gehörigen Betriebe handelt und die dem Vormundschaftsrichter regelmäßig fehlenden technischen Kenntnisse durch die Mitwirkung geeigneter Verwandten oder Verschwägerten ergänzt werden können.

Die Einsetzung eines Familienrats auf Grund letztwilliger Anordnung ist nur zulässig, wenn der Mündel minderjährig ist.

Der Familienrat besteht aus dem Vormundschaftsrichter als Vorsitzenden und aus nicht weniger als 2 und nicht mehr als 6 Mitgliedern.

Der Vormundschaftsrichter gehört also immer kraft Gesetzes dem Familienrat an und führt in ihm den Vorsitz; dieses wurde für angemessen erachtet einerseits mit Rücksicht auf die Notwendigkeit einer Sicherung des Einflusses und der Aufsicht des Staats, sowie einer zweckmäßigen Leitung und Behandlung der Geschäfte und andererseits mit Rücksicht auf die zur sachgemäßen Erledigung der Geschäfte häufig erforderliche Rechtskenntnis.

Als Mitglieder des Familienrats sind zunächst diejenigen berufen, die letztwillig als Mitglieder benannt sind.

Soweit keine Mitglieder letztwillig berufen sind oder die berufenen das Amt ablehnen, weil ja niemand zur Übernahme des Amtes eines Mitgliedes des Familienrats verpflichtet ist, hat das Vormundschaftsgericht die zur Beschlußfähigkeit erforderlichen 2 Mitglieder des Familienrats auszuwählen, während die etwaigen weiteren Mitglieder bis zur Gesamtzahl von 6 vom Familienrat selbst ausgewählt werden (§ 1862 B.GB.).

Vor der Auswahl der Familienratsmitglieder nun hat das Vormundschaftsgericht den Gemeindewaisenrat zu hören.

Bezüglich der Fähigkeit und Tauglichkeit zum Mitglied eines Familienwaisenrats gelten im wesentlichen die gleichen Grundsätze wie bezüglich der Übernahme einer Vormundschaft; es ist auch hier zu unterscheiden zwischen solchen Personen, die nicht zum Mitglied eines Familienrats bestellt werden können und solchen, die nicht dazu bestellt werden sollen (§ 1866 B.GB.).

Zu **ersteren** gehört, wer geschäftsunfähig, oder wegen Geistesschwäche, Verschwendung oder Trunksucht entmündigt ist (§ 1865 B.GB.).

Die Bestellung einer solchen ausgeschlossenen Person würde die Unwirksamkeit der unter ihrer Mitwirkung gefaßten Familienratsbeschlüsse zur Folge haben;

zu **letzteren** gehören:

1. Der Vormund des Mündels, weil ja gerade der Familienrat zur Beaufsichtigung des Vormundes da ist,
2. wer minderjährig ist,
3. wer unter vorläufige Vormundschaft gestellt ist,
4. wer zur Besorgung seiner Vermögensangelegenheiten einen Pfleger erhalten hat,
5. wer in Konkurs geraten ist, während der Dauer des Konkurses,
6. wer der bürgerlichen Ehrenrechte für verlustig erklärt ist, soweit sich nicht aus den Bestimmungen des Strafgesetzbuchs ein anderes ergibt,
7. wer durch Anordnung des Vaters oder der ehelichen Mutter des Mündels von der Vormundschaft ausgeschlossen ist,
8. wer durch Anordnung des Vaters oder der ehelichen Mutter des Mündels von der Mitgliederschaft ausgeschlossen ist;

bei Widerstreit gehen die Anordnungen des Vaters denen der Mutter vor (§ 1868 B.GB.),

9. wer mit dem Mündel weder verwandt noch verschwägert ist, weil ja im allgemeinen den Grundgedanken des Instituts des Familienrats entsprechend nur Verwandte oder Verschwägerte zu Familienratsmitgliedern bestellt werden sollen.

Die Bestellung einer nicht verwandten oder nicht verschwägerten Person ist jedoch dann zulässig, wenn die Person von dem Vater oder der ehelichen Mutter des Mündels in gleicher Weise benannt ist, oder wenn sie von dem Familienrat oder dem Familienratsvorsitzenden ausgewählt worden ist (§ 1867 B.GB.).

Die Bestellung einer der letztgenannten Personen ist zwar an sich gültig; für einen etwa erwachsenden Schaden aber ist der Vormundsschaftsrichter, und gegebenenfalls der Familienrat verantwortlich und das zu Unrecht bestellte Mitglied ist wieder zu entlassen. Frauen als solche sind von der Familienratsmitgliederschaft nicht ausgeschlossen, und es ist auch bei einer verheirateten Frau die Zustimmung ihres Mannes zur Bestellung nicht notwendig.

Auch bedarf ein Beamter oder Religionsdiener oder eine Militärperson des Friedensstandes oder ein Zivilbeamter der Militärverwaltung zum Eintritt in einen Familienrat nicht einer besonderen Erlaubnis seitens der vorgesetzten Dienstesstelle, weil das Amt eines Familienratmitglieds mit einer fortlaufenden Verwaltung nicht verbunden ist und deshalb weit weniger Zeit in Anspruch nimmt, wie das Amt eines Vormundes.

Ausübung der Vorschlagspflicht.

Zur Ausübung seiner Vorschlagspflicht wird der Gemeindewaisenrat meist durch eine dahingehende Aufforderung des Vormundschaftsgerichts veranlaßt werden (§ 1849 B.GB.).

Er hat aber auch sonst, wenn ihm aus seinem Bezirk ein Fall zur Kenntnis kommt, in dem ein Vormund zu bestellen ist, neben der Anzeige dieses Falles (siehe Seite 35) zugleich von sich aus eine zum vormundschaftlichen Amte geeignete Person vorzuschlagen.

Die **Bedeutung** des Vorschlags ist die, daß dem Vormundschaftsgericht eine zur Vormundschaft taugliche Person **bekanntgegeben** wird; eine Pflicht für das Vormundschaftsgericht, die vorgeschlagene Person als Vormund zu verpflichten, besteht aber nicht.

Der Gemeindewaisenrat hat also, wenn ein Vorgeschlagener dem Gerichte nicht genehm ist, immer wieder eine andere Person vorzuschlagen, bis sich ein Tauglicher findet.

Andererseits ist das Vormundschaftsgericht bei der Bestellung des Vormundes auch nicht vom Vorschlag des Gemeindewaisenrats abhängig; macht deshalb der Gemeindewaisenrat von seiner Befugnis keinen Gebrauch, obwohl ihn dazu Gelegenheit geboten ist, so kann das Vormundschaftsgericht ohne Rücksicht auf ihn die Person des Vormundes bestimmen.

Die Unterbreitung des Vorschlags an das Vormundschaftsgericht hat bei der Wichtigkeit der Sache und mit Rücksicht auf die aus der Verzögerung der Vormundsbestellung sich etwa ergebenden Schädigungen des Mündels in persönlicher und vermögensrechtlicher Beziehung mit **tunlichster Beschleunigung** zu erfolgen.

2. Kapitel.

Die Überwachungspflicht.

Die eigentliche Aufsicht über die Tätigkeit des Vormundes, Gegenvormundes, Pflegers, Beistandes wird vom Vormundschafsgericht geführt (§ 1837 Abs. 1 B.GB.).

Zur Erleichterung dieser Aufsicht hat der Gemeindewaisenrat darüber zu **wachen**, daß die Vormünder für die **Person** des Mündels pflichtmäßig Sorge tragen (§ 1850 Abs. 1 B.GB.).

Der Waisenrat hat also darauf Obacht zu geben, daß die persönlichen Interessen des Mündels vom Vormund in genügender Weise berücksichtigt werden.

Zu dieser Fürsorge für die Person des Mündels gehört insbesondere die für seine Erziehung und seine körperliche Pflege; hinsichtlich der Erziehung, so muß der Gemeindewaisenrat darauf achthaben, ob der Vormund dafür sorgt, daß der Mündel zum Schul- und Kirchenbesuch angehalten wird und daß er auch sonst einen sittlichen Lebenswandel führt, und hinsichtlich der körperlichen Pflege ist zu prüfen, ob der Vormund dafür sorgt, daß der Mündel genügend ernährt wird, daß er in passender Wohnung untergebracht ist, daß er richtig gekleidet und im Erkrankungsfall auskömmlich verpflegt wird.

Die Überwachungspflicht des Gemeindewaisenrats hat sich auf alle in seinem Bezirk aufhaltenden Mündel zu erstrecken, und zwar auch auf Mündel, die sich in staatlichen oder städtischen Waisenanstalten befinden.

Um dieser seiner Überwachungspflicht entsprechend nachkommen zu können, hat der Gemeindewaisenrat die sich in seinem Bezirk aufhaltenden Mündel zu besuchen und von den Vormündern Aufschluß über die Erziehung und die körperliche Pflege der Mündel zu verlangen.

Weigert sich der Vormund, Aufschluß zu geben, so kann sich der Gemeindewaisenrat an das Vormundschaftsgericht wenden, damit dieses gegen den Vormund einschreitet (siehe Anweisung zur Führung des Waisenratsamts, abgedruckt im Anhang Seite 74).

Bezüglich der Vermögensverwaltung hat der Gemeindewaisenrat keine Überwachungspflicht, sondern nur eine gewisse Anzeigepflicht (s. hierüber nächstes Kapitel Seite 34).

3. Kapitel.

Anzeigepflicht.

1. Der Gemeindewaisenrat hat dem Vormundschaftsgericht Mängel und Pflichtwidrigkeiten anzuzeigen, die er hinsichtlich der Fürsorge des Vormundes für die Person des Mündels wahrnimmt.

2. Der Gemeindewaisenrat hat dem Vormundschaftsgericht ferner Anzeige zu erstatten, falls er von einer Gefährdung des Mündelvermögens Kenntnis erhält.

Ob der Gemeindewaisenrat diese Kenntnisse bei Ausübung seines Amtes oder gelegentlich erhält, ist gleichgültig.

In dieser Anzeigepflicht bei Wahrnehmung von Vermögensgefährdungen kommt eine Art von Aufsicht auch über die Vermögensverwaltung des Vormundes zum Ausdruck.

Zweck der Anzeigepflicht ist, wie in den Gesetzesmotiven ausgeführt wird, zu verhindern, daß der Gemeindewaisenrat die zu seiner Kenntnis gelangten Mißstände der Vermögensverwaltung unbeanstandet läßt; denn wenn die Zuständigkeit des Gemeindewaisenrats grundsätzlich auf die Überwachung der Ausübung der Sorge für die Person des Mündels beschränkt wäre, so könnte zwar selbstverständlich der Gemeindewaisenrat eine zu seiner Kenntnis gelangte Gefährdung des Mündelvermögens, insbesondere Untreue oder andere strafbare Handlungen des Vormundes dem Vormundschaftsgerichte zur Anzeige bringen; allein der Gemeindeweisenrat würde dadurch in die Rolle eines Privatdenunzianten kommen, die Mancher nicht übernehmen will, da sie leicht etwas Gehässiges hat und unter Umständen einen besonderen Mut verlangt.

Dagegen ist die Sachlage in dieser Beziehung eine ganz andere, wenn die Anzeige zur Amtspflicht gemacht ist.

Eine weitere Tätigkeit außer dieser Anzeigeerstattung steht dem Gemeindewaisenrat bei Vermögensgefährdung nicht zu.

3. Der Gemeindewaisenrat hat dem Vormundschaftsgerichte von jedem ihm bekannt werdenden Falle, in dem ein Vormund, Pfleger oder Gegenvormund zu bestellen ist, Anzeige zu machen (§ 49 des Reichsgesetzes über die Angelegenheiten der freiwilligen Gerichtsbarkeit, abgedruckt im Anhang Seite 72).

Wann solche Fälle eintreten, ist die Darstellung im ersten Kapitel des ersten Teils Seite 2 ff. zu vergleichen

Die Anzeigepflicht obliegt ihm natürlich nur bezüglich der Fälle aus seinem Bezirk.

Mit der Anzeige hat der Gemeindewaisenrat zugleich die Person vorzuschlagen, die sich zum Vormund, Gegenvormund oder Pfleger eignet.

Bezüglich des Formulars für diese Vorschläge vgl. die Min.-Bekanntmachung vom 22. Dezember 1899 im Anhang Seite 82.

4. Auch bezüglich der unter **elterlicher Gewalt** stehenden Kinder obliegt dem Gemeindewaisenrat eine gewisse Anzeigepflicht (§ 1675 B.GB.);

er hat nämlich dem Vormundschaftsgericht Anzeige zu erstatten, wenn ein Fall zu seiner Kenntnis gelangt, in dem das Vormundschaftsgericht zum Einschreiten befugt ist.

Ein solches Einschreiten des Vormundschaftsgerichts hat hauptsächlich in folgenden Fällen zu erfolgen:

a) ist der Vater verhindert, die elterliche Gewalt auszuüben, so hat das Vormundschaftsgericht die im Interesse des Kindes erforderlichen Maßregeln zu treffen (§ 1665 B.GB.).

Die Verhinderung kann eine gänzliche oder eine nur in einzelnen Beziehungen sein, sie kann eine rechtliche (z. B. wenn es sich um die Verwaltung einer Erbschaft handelt, die das Kind gemacht, bei der aber vom Erblasser bestimmt wurde, daß dem Vater die Verwaltung entzogen sein soll; wenn es sich um Rechtsgeschäfte zwischen dem Ehegatten oder einem seiner Verwandten in gerader Linie einerseits und dem Mündel andererseits handelt (§ 1795 Nr. 1 B.GB) oder eine tatsächliche, z. B. infolge körperlicher oder geistiger Krankheit, Abwesenheit, Gefangenschaft, Geschäftsunerfahrenheit.

Das Tätigwerden des Vormundschaftsgerichts hat aber immer zur Voraussetzung, daß nicht die elterliche Gewalt von der Mutter nach § 1685 B.GB ausgeübt wird.

Nach letzter Bestimmung übt, wenn der Vater an der Ausübung der elterlichen Gewalt tatsächlich verhindert ist oder seine elterliche Gewalt ruht, die Mutter die elterliche Gewalt aus.

Ein Einschreiten des Vormundschaftsgerichts und demzufolge auch eine Anzeigeerstattung seitens des Gemeindewaisenrats hat deshalb, wenn bei Verhinderung des Vaters die Mutter noch lebt, nur dann statt, wenn die Mutter auch an der Ausübung der elterlichen Gewalt verhindert ist.

Das Einschreiten des Vormundschaftsgerichts wird sich hauptsächlich in der Aufstellung eines Vormundes und Pflegers ausdrücken.

b) Wird das geistige oder leibliche Wohl des Kindes dadurch gefährdet, daß der Vater das Recht der Sorge für die Person des Kindes mißbraucht, das Kind vernachlässigt oder sich eines ehrlosen oder unsittlichen Verhaltens schuldig macht, so hat das Vormundschaftsgericht die zur

Abwendung der Gefahr erforderlichen Maßregeln zu treffen (§ 1666 B.GB.).

Es muß sich also um eine Gefährdung des geistigen oder leiblichen Wohles des Kindes handeln:

1) infolge Mißbrauchs des Rechtes der Sorge für die Person des Kindes:

z. B. Mißhandlung des Kindes (auch bei Überschreitung des Züchtigungsrechts), Verleitung des Kindes zum Bösen, Bestimmung des Kindes zu einem den Neigungen, Fähigkeiten oder den sonstigen Verhältnissen desselben nicht entsprechenden Berufe, Ausbeutung der Arbeitskräfte des Kindes entgegen den Bestimmungen des Kinderschutzgesetzes;

2) infolge Vernachlässigung des Kindes:

z. B. durch ungenügende Ernährung, unzureichende Bekleidung, mangelhafte Verpflegung in Krankheitsfällen, Duldung von Schulversäumnissen,

3) infolge ehrlosen oder unsittlichen Verhaltens des Gewalthabers:

z. B. wegen Trunksucht, Spielsucht, Verschwendung des Vaters, nicht aber schon wegen Aberkennung der bürgerlichen Ehrenrechte allein, da diese nicht unter allen Umständen auf ehrloses oder unsittliches Verhalten schließen läßt, nicht auch schon wegen Eröffnung des Konkurses über das Vermögen des Vaters.

Grund hierfür ist, es muß der Gefahr vorgebeugt werden, daß das schlechte Beispiel der Eltern einen verderblichen Einfluß auf die Kinder äußert, selbst wenn zur Zeit eine sittliche Verwahrlosung der Kinder noch nicht eingetreten sein sollte.

Die Maßregeln, die das Vormundschaftsgericht im einzelnen zu treffen hat, sind natürlich sehr verschieden, je nach Lage des betreffenden Falles; sie können beispielsweise in bloßen Verwarnungen des Gewalthabers bestehen, oder in Entziehung seiner Erziehungsgewalt durch Anordnung der Zwangserziehung, dahin gehend, daß das Kind zum Zwecke seiner Erziehung in eine geeignete Familie oder in eine Erziehungsanstalt oder eine Besserungsanstalt untergebracht wird, oder auch in Entziehung der gesamten Sorge für die Person des Kindes.

Eine Entziehung der Vermögensverwaltung und der elterlichen Nutznießung darf das Vormundschaftsgericht jedoch nur dann aussprechen, wenn der Vater das Recht des Kindes auf Gewährung des Unterhalts verletzt und für die Zukunft eine erhebliche Gefährdung des Unterhalts zu besorgen ist.

c) Wenn das Vermögen des Kindes dadurch gefährdet wird, daß der Vater die mit der Vermögensverwaltung oder die mit Nutznießung verbundene Pflichten verletzt oder daß er in Vermögensverfall gerät, dann hat das Vormundschaftsgericht die zur Abwendung der Gefahr erforderlichen Maßregeln zu treffen (§ 1667 B.GB). Es muß also eine Gefährdung des Vermögens des Kindes vorliegen und diese ist dann gegeben, wenn besondere Umstände vorhanden sind, die eine Minderung des Kindesvermögens zur Folge haben;

die Gefährdung kann also einmal ihren Grund haben in Verletzung der dem Gewalthaber hinsichtlich der Sorge für das Vermögen des Kindes und hinsichtlich der Nutznießung an diesem Vermögen obliegenden Pflichten (§§ 1640 bis 1645, 1690—1692 B.GB.).

Die Pflichten der ersteren Art sind insbesondere:

aa) Die Inventarisationspflicht:

Diese besteht darin, daß der Vater das seiner Verwaltung unterliegende Vermögen des Kindes, welches bei dem Tode der Mutter vorhanden ist oder dem Kinde später zufällt, zu verzeichnen hat.

Das Verzeichnis ist vom Vater mit der Versicherung der Richtigkeit und Vollständigkeit zu versehen und beim Vormundschaftsgericht einzureichen.

bb) Die Erhaltungspflicht:

Der Vater soll das Vermögen der Kinder ungeschmälert erhalten, und er darf deshalb nicht in Vertretung des Kindes Schenkungen machen, soweit es sich nicht um Schenkungen handelt, durch die einer sittlichen Pflicht oder einer auf den Anstand zu nehmenden Rücksicht entsprochen wird (§ 1641 B.GB.).

cc) Die Anlegungspflicht:

Der Vater hat das seiner Verwaltung unterliegende Geld seines Kindes nach der für die Anlegung von Mündelgeld geltenden Vorschriften verzinslich anzulegen (§ 1807 B.GB.).

Die verzinsliche Anlegung von Mündelgeldern erfolgt im allgemeinen

1. in Forderungen, für die eine sichere Hypothek an einem inländischen Grundstücke besteht oder in sicheren Grundschulden oder Rentenschulden an inländischen Grundstücken — zu den Grundstücken in diesem Sinn gehören wohl nicht auch Erbbaurechte;

„sicher" ist nur die Hypothek, bezw. Grund- und Rentenschuld, die innerhalb der ersten Hälfte des Wertes des Grundstücks zu stehen kommt; es ist aber nicht notwendig, daß die Hypothek u. s. w. die erste Stelle einnimmt; es genügt, daß mit Einrechnung der vorgehenden Belastungen die Wertshälfte nicht überschritten wird;

2. in verbrieften Forderungen gegen den Reichs- oder einem Bundesstaat, sowie in Forderungen, die in das Reichs-

schuldbuch oder in das Staatsschuldbuch eines Bundesstaats eingetragen sind; in Bayern besteht zur Zeit ein solches Staatsschuldbuch nicht;

3. in verbrieften Forderungen, deren Verzinsung von dem Reich oder einem Bundesstaat gewährleistet ist;

4. in Wertpapieren, insbesondere Pfandbriefen, sowie in verbrieften Forderungen jeder Art gegen eine inländische kommunale Körperschaft oder die Kreditanstalt einer solchen Körperschaft, sofern die Wertpapiere oder die Forderungen von dem Bundesrat zur Anlegung von Mündelgeld für geeignet erklärt sind;

als mündelsicher gelten in Bayern die Schuldverschreibungen der Ortsgemeinden, Distrikts- und Kreisgemeinden, die Pfandbriefe und die Schuldbriefe für Gemeindedarlehen (Kommunalobligationen) der Bayerischen Landwirtschaftsbank, die Pfandbriefe der Bayerischen Hypotheken- und Wechselbank und der süddeutschen Bodenkreditbank, die Pfandbriefe und Kommunalobligationen der Pfälzischen Hypothekenbank in Ludwigshafen a. Rh., die Pfandbriefe der Bayerischen Vereinsbank, der Bayerischen Handelsbank und der Vereinsbank in Nürnberg auf Grund der Ministerial-Bekanntmachung vom 9. Sept. 1899 (Just.-Min.-Blatt S. 383);

5. bei einer inländischen öffentlichen Sparkasse, wenn sie von der zuständigen Behörde des Bundesstaats, in welchem sie ihren Sitz hat, zur Anlegung von Mündelgeldern für geeignet erklärt ist.

Zur Anlegung von Mündelgeld sind die sämtlichen bayerischen gemeindlichen und distriktiven Sparkassen sowie die ältere gräflich Castell'sche Kreditkasse für geeignet erklärt (Ministerial-Bekanntmachung vom 21. Dezember 1899, Just.-Min. Bl. S. 113).

Die Gefährdung kann ferner auch ihren Grund haben in Vermögensverfall des Vaters.

Auf die Ursache des Vermögensverfalls kommt es nicht an; es ist also gleichgültig, ob der Verfall durch ein Verschulden des Vaters herbeigeführt ist oder nicht.

Der Vermögensverfall des Vaters hat deshalb besondere Bedeutung, weil er für das Kind die Gefahr mit sich bringen kann, daß die dem Kinde gehörenden in dem Besitze des Vaters befindlichen Sachen von den Gläubigern des letzteren gepfändet, und wenn dieser die Erhebung der Interventionsklage unterläßt, zur Befriedigung seiner Gläubiger verwendet werden oder doch, daß das Kind in kostspielige Interventionsprozesse verwickelt wird.

Die besonderen Maßnahmen des Vormundschaftsgerichts in diesen Fällen sind:

Anordnung der Einreichung eines Vermögensverzeichnisses;

Anordnung der Rechnungslegung über das Vermögen des Kindes;

Anordnung der Hinterlegung der Wertpapiere und Kostbarkeiten, die zum Vermögen des Kindes gehören, bei einer Hinterlegungsstelle oder bei der Reichsbank mit der Bestimmung, daß die Herausgabe nur mit Genehmigung des Vormundschaftsgerichts verlangt werden kann;

Bestellung eines Beistandes für die Mutter als Inhaberin der elterlichen Gewalt;

Auferlegung einer Sicherheitsleistung;

Entziehung der Vermögensverwaltung.

d) Wenn der Vater sich nach dem Tode seiner Frau wieder verheiraten will:

in diesem Falle obliegen nämlich diesem besondere Verpflichtungen:

1. Er hat seine Absicht dem Vormundschaftsgericht anzuzeigen; es muß also auch der Gemeindewaisenrat, wenn er von der Wiederverheiratungsabsicht Kenntnis hat, hiervon dem Gericht Anzeige machen;

2. Er hat ein Verzeichnis des etwa seiner Verwaltung unterliegenden Kindesvermögens dem Vormundschaftsgericht einzureichen; die Mitwirkung eines Notars ist hierbei nicht erforderlich.

Die Einreichung eines solchen Verzeichnisses ist in allen Fallen notwendig, auch wenn nach den besonderen Verhältnissen des einzelnen Falles jede Gefährdung des Kindesvermögens als ausgeschlossen erscheinen kann.

3. Er hat mit seinen Kindern die Auseinandersetzung herbeizuführen, soweit in Ansehung des Kindesvermögens eine Gemeinschaft zwischen ihm und dem Kinde besteht.

Eine solche Gemeinschaft besteht insbesondere hinsichtlich des von dem Vater und dem Kinde gemeinschaftlich ererbten mütterlichen Nachlasses oder hinsichtlich des Gesamtguts der fortgesetzten Gütergemeinschaft.

Sollte deshalb der Vater sich ohne eine solche Auseinandersetzung mit den erstehelichen Kindern wieder verheiraten — was manchmal vorkommt — so hat hiervon der Gemeindewaisenrat dem Vormundschaftsgericht Anzeige zu erstatten.

e) Wenn die Mutter nach dem Tode ihres Mannes sich wieder verheiratet:

Diese verliert durch die Wiederverheiratung die elterliche Gewalt, also das Recht der Verwaltung und auch der Nutznießung des Kindesvermögens (§ 1697 B.GB.) und es ist für das Kind ein Vormund zu bestellen.

f) Wenn Anordnungen dritter über die Art der Verwaltung des Kindesvermögens vorliegen (§ 1639 B.GB.).

Der elterliche Gewalthaber hat an sich das Recht der Verwaltung und Nutznießung am Kindesvermögen; es kann aber derjenige, der einem Kinde eine Zuwendung von Todes wegen macht oder eine unentgeltliche Zuwendung unter Lebende, einen anderen Verwaltungsort anordnen. Diesen Anordnungen muß der Vater Folge leisten, widrigenfalls das Vormundschaftsgericht die zur Durchführung erforderlichen Maßregeln zu treffen hat.

Eine eigentliche Überwachung des Vaters oder der Mutter bezüglich ihrer Ausübung der elterlichen Gewalt steht aber dem Gemeindewaisenrat nicht zu.

4. Kapitel.

Die Auskunftspflicht.

Da der Gemeindewaisenrat das Vormundschaftsgericht zu unterstützen hat, so ist er auch verpflichtet, diesem auf Erfordern über das persönliche Ergehen und das Verhalten des Mündels Auskunft zu erteilen.

Die Erfüllung dieser Auskunftspflicht setzt voraus, daß der Gemeindewaisenrat über seinen Mündel und dessen Schicksale auch unterrichtet ist; der Gemeindewaisenrat wird deshalb sich um seine Mündel stets so kümmern, daß er jederzeit in der Lage ist, ohne lange vorherige Erhebungen, die verlangte Auskunft zu geben.

Das Vormundschaftsgericht kann solche Auskunft jederzeit verlangen;

besondere Gründe hierfür können z. B. sein, wenn der Mündel für volljährig erklärt werden soll, oder wenn der Mündel heiraten will und der Vormund seine Einwilligung hierzu verweigert, oder wenn Grundbesitz des Mündels verkauft werden soll.

Bedingung für eine zweckentsprechende Ausübung der Überwachungspflicht ist natürlich genaue Kenntnis der Mündel und Vormünder.

Diese Kenntnis wird dem Gemeindewaisenrat durch das Vormundschaftsgericht vermittelt.

Das Vormundschaftsgericht hat nämlich dem Gemeindewaisenrat:

a) Jede Anordnung der Vormundschaft oder Pflegschaft über einen in dessen Bezirk sich aufhaltenden Mündel unter Bezeichnung des Vormundes und Gegenvormundes;

b) jeden Wechsel, der in der Person eines Vormundes, Gegenvormundes oder Pflegers eintritt, mitzuteilen.

Ferner hat, wenn der Aufenthalt eines Mündels oder Pfleglings in den Bezirk eines anderen Gemeindewaisenrats verlegt wird, der Vormund dem Gemeindewaisenrat des bisherigen Aufenthaltsorts und dieser dem Gemeindewaisenrat des neuen Aufenthaltsorts die Verlegung mitzuteilen (§ 1851 B.GB.).

Versäumt der Vormund die Mitteilung und erhält der Gemeindewaisenrat des bisherigen Aufenthaltsorts sonstwie Kenntnis von dem Verzuge, so hat er natürlich auch dem Gemeindewaisenrat des neuen Aufenthaltsorts Mitteilung zu machen.

Zur Vornahme dieser Mitteilungen seitens der Gemeindewaisenräte sind besondere Postkarten mit Dienstmarkenstempel zu verwenden, die den Gemeindewaisenräten von der

Justizverwaltung unentgeltlich zur Verfügung gestellt werden. (Siehe hierüber Näheres unten bei „Portopflicht" Seite 65.)

5. Kapitel.

Mitwirkung des Gemeindewaisenrats bei der Zwangserziehung.

1. Anzeigepflicht.

Der Gemeindewaisenrat hat dem Vormundschaftsgericht die zu seiner Kenntnis gelangenden Tatsachen, die die Zulässigkeit der Zwangserziehung begründen, mitzuteilen (§ 8 Ausführungsbestimmungen zum Zwangserziehungsgesetz vom 28. Juni 1902, Just.-Min.-Blatt S. 629 abgedruckt im Anhang Seite 100).

Die Zwangserziehung ist zulässig:

a) Wenn das geistige oder leibliche Wohl eines Kindes dadurch gefährdet wird, daß der Vater oder die Mutter das Recht der Sorge für die Person des Kindes mißbraucht z. B. durch Mißhandlung, Anleitung zum Bösen, das Kind vernachlässigt bezüglich Aufsicht, Ernährung, Verpflegung, oder sich eines ehrlosen oder unsittlichen Verhaltens, z. B. durch Trunksucht, Arbeitsscheue, Gewerbsunzucht schuldig macht oder wenn sonst ein Minderjähriger unter Vormundschaft oder Pflegschaft steht und die Zwangserziehung erforderlich ist, um die sittliche oder körperliche Verwahrlosung des Minderjährigen zu verhüten,

b) Wenn der Minderjährige eine strafbare Handlung begangen hat, wegen deren er in Anbetracht seines jugendlichen Alters strafrechtlich nicht verfolgt werden kann und mit Rücksicht auf die Beschaffenheit der Handlung, die Persönlichkeit der Eltern oder sonstigen Erzieher und die übrigen Lebensverhältnisse des Minderjährigen seiner weiteren sittlichen Verwahrlosung nur durch die Zwangserziehung vorgebeugt werden kann,

c) Wenn die Zwangserziehung zur Verhütung des völligen sittlichen Verderbens des Minderjährigen notwendig ist (Art. 1 Zw.E.Ges., siehe Anhang Seite 94).

2. Anhörung des Gemeindewaisenrats.

Vor der Anordnung der Zwangserziehung kann das Vormundschaftsgericht auch den Gemeindewaisenrat hören (Art. 3 d. Zw.E.Ges., im Anhang Seite 94, § 9 Ausf.=Best., im Anhang Seite 101).

Vor der Aufhebung der Zwangserziehung muß die Distriktsverwaltungsbehörde, die sich über die Aufhebung gutachtlich den Vormundschaftsgericht gegenüber zu äußern hat, den Gemeindewaisenrat einvernehmen (§ 45 Abs. 2 Ausf.=Best. im Anhang Seite 109, Art. 6 d. Zw.E.Ges. im Anhang Seite 95).

3. Mitwirkung bei Ermittelung geeigneter Familien.

Von der Unterbringung des Minderjährigen in einer Familie ist von der Distriktsverwaltungsbehörde dem Gemeindewaisenrat des Ortes der Unterbringung Kenntnis zu geben (Art. 7 des Zw.E.Ges. im Anhang Seite 96).

Der Grund hierfür wurde nach der Gesetzesbegründung darin gefunden, daß es notwendig erscheine, für in Familien untergebrachte Minderjährige, gleichviel ob sie unter Vormundschaft stehen oder nicht, eine ständige Aufsicht einzuführen. Hierzu ist der Gemeindewaisenrat in Anbetracht des ihm sonst zugewiesenen Wirkungskreises besonders geeignet; derselbe wird sich namentlich hinsichtlich der im Kindesalter stehenden Minderjährigen und der im jugendlichen Alter stehenden Mädchen mit Nutzen der Mitwirkung der Waisenpflegerinnen bedienen.

4. Mitwirkung bei Überwachung der Zwangserziehung.

a) Der Gemeindewaisenrat hat die Erziehung und Behandlung der in Familien untergebrachten Minderjährigen, auch wenn sie nicht unter Vormundschaft stehen, sowie die Führung derselben zu überwachen.

Die über die Unterbringung der Minderjährigen mit dem Familienhaupt von der Distriktsverwaltungsbehörde abgeschlossenen Verträge sind dem Gemeindewaisenrat zu diesem Behufe abschriftlich auszuhändigen.

Die noch nicht schulentlassenen Minderjährigen hat der Gemeindewaisenrat von Zeit zu Zeit persönlich in der Familie aufzusuchen, sich von der Art der Unterkunft, Pflege, Erziehung und Beschäftigung, sowie im Benehmen mit dem Ortsgeistlichen und der Schulbehörde von der Regelmäßigkeit des Kirchen- und Schulbesuchs zu überzeugen, auch sich zu vergewissern, ob die vertragsmäßigen Bestimmungen erfüllt werden, und für Abstellung etwaiger Mängel zu sorgen.

Bei den in Dienst oder Lehre stehenden Minderjährigen hat der Gemeindewaisenrat besonders darauf zu sehen, daß der Lehr- oder Dienstvertrag gehalten wird, und sich von Zeit zu Zeit von der Führung, den Fortschritten und den Leistungen des Minderjährigen an Ort und Stelle zu überzeugen (§ 39 d. Ausf.-Best. im Anhang S. 108).

Bei der Überwachung der zur Zwangserziehung überwiesenen Kinder wird der Gemeindewaisenrat sein besonderes Augenmerk auch darauf richten, daß die Kinder von ihren Pflegeeltern nicht in einer dem Kinderschutzgesetz widerstreitenden Weise ausgebeutet werden (vgl. insbes. § 3 Nr. 3 des Kinderschutzgesetzes, abgedruckt im Anhang Seite 116).

Steht die Sorge für die Person des Minderjährigen einem Pfleger oder Vormund zu, so wird dessen Pflicht, für die Erziehung und körperliche Pflege des Minderjährigen zu sorgen, nicht durch die dem Gemeindewaisenrat vorstehend obliegende Überwachungspflicht beseitigt. Es hat vielmehr auch der Pfleger oder Vormund an der Überwachung des Minderjährigen teilzunehmen und wahrgenommene Gebrechen dem Gemeindewaisenrat oder der Distriktsverwaltungsbehörde anzuzeigen (§ 40 d. Ausf.-Best., im Anhang Seite 108).

b) Der Gemeindewaisenrat hat über seine bei der Überwachung gemachten Erfahrungen der Distriktsverwaltungsbehörde auf Erfordern Auskunft zu erteilen und dieser auch unaufgefordert etwaige zu seiner Kenntnis gekommene Mängel anzuzeigen (Art. 7 Abs. 2 d. Zw.E.Ges., im Anhang Seite 96, § 41 Abs. 1 Ausf.-Best. im Anhang Seite 109).

Alljährlich mindestens einmal hat die Distriktsverwaltungsbehörde einen kurzen Bericht einzufordern (§ 41 Abs. 2 Ausf.-Best. im Anhang Seite 109).

c) Bei der Ausübung seiner Überwachungspflicht insbesondere hinsichtlich der Mädchen und der im Kindesalter stehenden Knaben wird sich der Gemeindewaisenrat am besten der Mitwirkung der Waisenpflegerinnen bedienen (§ 39 Ausf.-Best. im Anhang Seite 108).

5. Überwachung der aus der Zwangserziehung vorläufig Entlassenen.

Zur Aufhebung der Zwangserziehung ist nur das Vormundschaftsgericht zuständig.

Dagegen ist die Distriktsverwaltungsbehörde zur vorläufigen Entlassung aus der Zwangserziehung berechtigt (Art. 6 Abs. 3 Zw.E.Ges. im Anhang Seite 95).

Die Wirkung dieser Entlassung ist nur die Aussetzung des Vollzugs der Zwangserziehung, nicht deren Aufhebung selbst;

sie hat insbesondere dann statt, wenn der Minderjährige durch Erziehung in einer fremden Familie oder in einer Anstalt sittlich gebessert ist und die Verhältnisse in der eigenen Familie die Gefahr der Verwahrlosung nicht mehr besorgen lassen. Der Minderjährige wird dann seiner eigenen Familie überwiesen.

6. Mitwirkung bei Wiederruf der Aufhebung der Zwangserziehung.

Ist es bei Aufhebung der Zwangserziehung zweifelhaft, ob die die Aufhebung rechtfertigenden Verhältnisse von Dauer sind, so kann die Aufhebung auch nur unter dem Vorbehalt des Widerrufs erfolgen.

In diesem Falle hat sich dann das Vormundschaftsgericht nach Ablauf einer angemessenen Zeit zu überzeugen, ob nicht von dem Widerruf Gebrauch zu machen ist.

Die bezüglichen Erhebungen sind nun regelmäßig durch den Gemeindewaisenrat auf Veranlassung des Vormundschaftsgerichts vorzunehmen (Vgl. die im Anhang Seite 110 abgedruckten Ausf.-Best. z. Zw.E.Ges. § 45 Abs. 4).

Die Minderjährigen sind aber weiterhin zu überwachen und die Überwachung ist Aufgabe des Gemeindewaisenrats (§ 46 d. Ausf.-Best. z. Zw.Erz.Ges. im Anhang Seite 110).

6. Kapitel.

Verantwortlichkeit des Gemeindewaisenrats.

Eine besondere Verantwortlichkeit wegen Verletzung seiner Amtspflichten ist dem Gemeindewaisenrat nicht auferlegt.

Der Gesetzgeber hat davon abgesehen, weil eine solche Verantwortlichkeit einerseits ohne erheblichen Wert ist, da aus der Vernachlässigung der Aufsicht über die Sorge für die Person dem Mündel ein Vermögensschaden nur selten erwächst, zudem der Kausalzusammenhang nur schwer nachzuweisen ist, und weil andrerseits die Auferlegung einer solchen Verantwortlichkeit auch Bedenken hat, da die dem Gemeindewaisenrat obliegenden Pflichten mehr oder weniger unbestimmt sind und die Verantwortlichkeit desselben gegenüber dem Mündel insofern schädlich wirken kann, als sie geeignet ist, das Institut des Gemeindewaisenrats in Mißkredit zu bringen und vor der Übernahme des Amtes zurückzuschrecken.

Eine Verantwortlichkeit des Gemeindewaisenrats ist nur nach den sonst geltenden allgemeinen Grundsätzen der Haftung für unerlaubte Handlungen nach §§ 823 ff. des B.GB. gegeben.

7. Kapitel.

Beschwerderecht des Gemeindewaisenrats.

Der Gemeindewaisenrat ist selbständig zur Einlegung von Beschwerden gegen Verfügungen des Vormundschaftsgerichts im Interesse des Mündels berechtigt.

Dieses Beschwerderecht gründet sich darauf, daß nach § 20 des Gesetzes über die Angelegenheiten der freiwilligen Gerichtsbarkeit die Beschwerde in solchen Angelegenheiten jedem zusteht, dessen Recht durch die Verfügung beeinträchtigt ist, und daß nach § 57 Nr. 9 dieses Gesetzes gegen eine Verfügung, die eine Entscheidung über eine die Sorge fur die Person des Kindes oder Mündels betreffende Angelegenheit enthält, jeder beschwerdeberechtigt ist, der ein berechtigtes Interesse hat, diese Angelegenheit wahrzunehmen.

Eine die Person des Mündels oder Kindes betreffende Angelegenheit ist insbesondere auch die religiöse Erziehung.

Dem Gemeindewaisenrat steht deshalb auch in dieser Hinsicht ein Beschwerderecht zu.

2. Teil.

Verfassung des Gemeindewaisenrats.

1. Kapitel.

Bildung des Gemeindewaisenrats.

1. Der Gemeindewaisenrat ist eine selbständige gemeindliche Behörde;

die Verrichtungen des Gemeindewaisenrats sind also keiner schon bestehenden gemeindlichen Behörde, wie z. B. dem Armenpflegschaftsrat, übertragen worden.

In jeder Gemeinde muß ein Gemeindewaisenrat vorhanden sein, und zwar mindestens einer.

In den großen Städten mit mehr als 100 000 Einwohnern können auch mehrere Gemeindewaisenräte gebildet werden;

jeder für einen abgegrenzten Teil des Stadtbezirks (siehe Anhang Seite 72 in Art. 93 Bayer. Ausf.-G. z. B.GB.).

Die Bildung geschieht durch den Magistrat unter Zustimmung der Gemeindebevollmächtigten (siehe Anhang Seite 73 in Art. 95 Satz 2 Ausf.-G. z. B.GB.).

„Gemeindewaisenrat" ist die Bezeichnung für die Behörde, während die einzelnen Mitglieder dieser Behörde „Waisenräte" heißen.

Der Gemeindewaisenrat untersteht als gemeindliches Amt der Aufsicht der Verwaltungsbehörden.

Das Amt ist ein gemeindliches Ehrenamt; seine Führung ist deshalb eine unentgeltliche.

Für Barauslagen wird jedoch unter denselben Voraussetzungen und in demselben Umfang Ersatz gewährt, wie sonst ein solcher für Gemeindebeamte nach der Gemeindeordnung stattfindet.

So sind die Kosten für das Schreibmaterial insbesondere die Formulare, die baren Auslagen der Waisenräte und die Portoauslagen für portopflichtige Schreiben und Sendungen von der Gemeinde zu bestreiten (über Portopflicht s. näheres Seite 65). Nach Maßgabe des Bedürfnisses hat die Gemeinde ferner für Besorgung des Schreibwerks des Gemeindewaisenrats, insbesondere für Führung der Waisenliste (s. Seite 60) durch Aufstellung gemeindlicher Bediensteter zu sorgen (s. § 14 Bek. d. Staatsministerien d. Justiz u. d. Innern v. 22. Dez. 1899 im Anhang Seite 77).

Die Kostenerstattung aus der Gemeindekasse hat darin ihren Grund, daß der Gemeindewaisenrat ein öffentliches Amt ist und daß der einzelne Waisenrat in Erfüllung seiner Aufgaben immer im öffentlichen Interesse handelt.

Dem Mündel gegenüber können deshalb in keiner Weise irgend welche Aufrechnungen gemacht werden.

2. Die Zusammensetzung des Gemeindewaisenrats ist eine verschiedene, je nach der Größe der einzelnen Gemeinde.

In Gemeinden mit städtischer Verfassung, sowie in Gemeinden mit mehr als 5000 Einwohnern ist die Zusammensetzung des Gemeindewaisenrats immer eine kollegiale.

Der Gemeindewaisenrat besteht hier teils aus gesetzlich berufenen teils aus gewählten Mitgliedern;

gesetzlich berufen ist der Bürgermeister, und wo deren mehrere vorhanden sind, der erste Bürgermeister.

Der Bürgermeister kann sich durch ein Mitglied des

Magistrats oder der Gemeindeverwaltung vertreten lassen, und zwar nicht bloß vorübergehend, sondern dauernd.

Der Stellvertreter erlangt aber, auch wenn die Vertretung eine dauernde ist, nicht die Eigenschaft eines Waisenrats, da die gesetzliche Berufung nur an den Bügermeister ergeht.

Die übrigen Mitglieder des Gemeindewaisenrats können sich nicht vertreten lassen.

Der Bürgermeister, bezw. dessen Stellvertreter führt den Vorsitz.

Wo, wie in den Großstädten, mehrere Gemeindewaisenräte sind, führt der Bürgermeister in allen diesen den Vorsitz, und er kann sich dauernd in jedem dieser Gemeindewaisenräte durch ein anderes Mitglied des Magistrats oder der Gemeindeverwaltung vertreten lassen.

Andere Personen, wie der Bürgermeister, sind in den Gemeindewaisenrat nicht berufen, insbesondere also auch nicht die Pfarrvorstände der Gemeinde.

Die Zahl der zu wählenden Waisenräte wird in Gemeinden mit städtischer Verfassung vom Magistrat unter Zustimmung der Gemeindebevollmächtigten, in anderen Gemeinden von der Gemeindeverwaltung festgesetzt (siehe Anhang Seite 73 im Art. 95 Satz 1 Ausf.-G. z. B.GB.).

In den übrigen Gemeinden, das sind also die Gemeinden mit wenigstens 5000 Einwohnern, und zwar im rechtsrheinischen Bayern, insoweit sie Landgemeindeverfassung haben, besteht der Gemeindewaisenrat aus einer oder mehreren Personen, die dazu aufgestellt werden.

Die Bildung mehrerer Gemeindewaisenräte, die, wie gesagt, nur in größeren Städten mit mehr als

100000 Einwohnern zulässig ist, erfolgt auch durch den Magistrat unter Zustimmung der Gemeindebevollmächtigten.

Werden in Gemeinden mit weniger als 5000 Einwohnern und zwar im rechtsrheinischen Bayern, insofern die Gemeinden Landgemeindeverfassung haben, mehrere Waisenräte aufgestellt, so ist jedem derselben ein örtlich abgegrenzter Bezirk zuzuweisen.

Die Abgrenzung und Zuweisung dieser Bezirke bestimmt die Gemeindeverwaltung.

In anderen Gemeinden ist die Zuteilung eines solchen örtlich abgegrenzten Bezirks zwar nicht vorgeschrieben, wohl aber statthaft.

Vor der Bildung mehrerer Gemeindewaisenräte, vor der Festsetzung oder Änderung der Zahl der Waisenräte, sowie vor der Bildung der Bezirke mehrerer Waisenräte hat sich die Gemeindebehörde mit dem Vormundschaftsgerichte zu benehmen. Auch ist die erfolgte Maßnahme in den drei Fällen dem Vormundschaftsgerichte anzuzeigen.

3. Die Wahl der Waisenräte vollzieht sich nach den für den Armenpflegschaftsrat maßgebenden Bestimmungen d. h. sie erfolgt in Gemeinden mit städtischer Verfassung von den in einem Wahlkörper vereinigten Magistratsmitgliedern und Gemeindebevollmächtigten, in den übrigen Gemeinden durch die Gemeindeverwaltung.

Eine Wahl von Ersatzmännern findet nicht statt; sowie ein Abgang sich ergibt, ist immer ein neuer Waisenrat zu wählen.

Zeit der Wahl:

Die Wahl der Waisenräte erfolgt jeweils nach Vollendung der ordentlichen Gemeindewahlen und nach der Bildung des Armenpflegschaftsrats.

Bei Abgängen im Personalstand der Waisenräte hat

aber jeweils sofort Neuwahl stattzufinden, weil es wie bemerkt im voraus gewählte Ersatzmänner nicht gibt.

Wählbarkeit:

Wählbar ist, wer zum Mitglied des Armenpflegschaftsrats gewählt werden kann.

Wählbar sind demnach alle volljährigen männlichen Einwohner, welche eine direkte Steuer in der Gemeinde entrichten;

ausgeschlossen von der Wählbarkeit sind jedoch:

1) Personen die entmündigt oder nach § 1906 des B.G.B. unter vorläufige Vormundschaft gestellt sind;

2) Personen, über deren Vermögen der Konkurs eröffnet ist;

3) die der aktiven Armee und den besoldeten Stämmen der Landwehr angehörigen Militärpersonen, ferner zeitlich pensionierte Offiziere und Militärbeamte (Art. 23 d. Ges. betr. die öffentl. Armen- und Krankenpflege).

Als gewählt ist zu erachten, wer bei der Wahl die meisten Stimmen erhalten hat;

die Wahl erfolgt also nach absoluter Stimmenmehrheit.

Wählbar ist auch, wer schon ein gemeindliches Amt bekleidet; es kann also insbesondere auch eine Person zum Waisenrat gewählt werden, die schon das Amt eines Armenpflegschaftsrats bekleidet, und eine solche Vereinigung ist mit Rucksicht auf die mannigfachen Berührungspunkte zwischen Gemeindewaisenrat und Armenpflegschaftsrat sogar manchmal recht zweckmäßig.

Gültigkeitsdauer der Wahl.

Die Wahl gilt für die Zeit bis zur nächsten ordentlichen Wahl.

4. Verpflichtung der Gewählten.

Die gewählten Waisenräte werden durch den Bürgermeister auf Handgelübde verpflichtet und durch diesen auch in ihr Amt, wie die anderen Gemeindebeamten, eingewiesen;

bei der Verpflichtung sind die Waisenräte auch auf die Wahrung des Amtsgeheimnisses ausdrücklich aufmerksam zu machen.

Die Verpflichtung hat nicht statt, wenn die Gewählten schon ein anderes öffentliches Amt, wie als Pfarrer, Magistratsrat, Gemeindeverwaltungsmitglied, versehen.

Einer Verpflichtung bedarf es natürlich auch nicht bezüglich des Bürgermeisters und dessen Stellvertreters, da nur „Gewählte" verpflichtet werden.

5. Annahme der Wahl.

Die Wahl zum Waisenrat muß ebenso wie die Wahl zu einem andern Gemeindeamt nach den Bestimmungen der Gemeindeordnung angenommen werden. Hiervon gibt es nur insofern eine Ausnahme, als dem Gewählten gesetzliche Ablehnungsgründe zur Seite stehen.

Diese Ablehnungsgründe sind dieselben wie bei den anderen Gemeindeämtern;

es kann also die Wahl nur abgelehnt werden:

a) wegen erwiesener körperlicher oder geistiger Unfähigkeit;

b) wegen zurückgelegtem 60. Lebensjahr;

c) wenn der Gewählte das Amt eines Bürgermeisters, Beigeordneten, Magistratsrats, Gemeindeausschußmitglieds oder Waisenrats während voller 6 Jahre verwaltet;

d) wegen einer Beschäftigung, die eine häufige oder lange andauernde Abwesenheit von der Gemeinde mit sich bringt (Art. 174 der Gemeindeordnung rechts des Rheins).

Anders ist es in der Rheinpfalz; dort besteht kein Annahmezwang.

6. Führung des Amtes.

Das Amt eines Waisenrats ist ebenso zu führen, wie ein anderes Gemeindeamt; es darf also ebenso wenig wie dieses freiwillig aufgegeben, niedergelegt werden; sondern es ist die Niederlegung nur in den gesetzlich bestimmten Fällen zulässig, also insbesondere nur wegen erwiesener körperlicher oder geistiger Dienstunfähigkeit oder wegen zurückgelegten 60. Lebensjahr (Art. 18 Gemeindeordnung rechts des Rheins), nicht aber schon ohne weiteres wegen Überlastung mit anderen Geschäften.

7. Für Streitigkeiten über die Wählbarkeit, über die Verpflichtung zur Übernahme des Amtes, sowie über das Recht und der Pflicht zum Austritt steht der Verwaltungsrechtsweg offen (Art. 8 Ziff. 33 V.GG.).

8. Die Gemeindebehörde hat von der Wahl der Waisenräte dem Vormundschaftsgerichte Mitteilung zu machen;

hierbei ist der Name, der Stand oder das Gewerbe und der Wohnort, in größeren Städten auch die Wohnung der Gewählten anzugeben, und auch zu bemerken, ob die Gewählten verpflichtet worden sind.

Ein Abgang im Personalstand der Waisenräte, sowie das Ergebnis einer Ersatzwahl ist in gleicher Weise dem Vormundschaftsgericht anzuzeigen.

Beim Vormundschaftsgericht ist ein Verzeichnis der Waisenräte zu führen.

In diesem sind auch die Bezirke der Waisenräte anzugeben.

Das Vormundschaftsgericht hat jedem Waisenrat ein Exemplar der ministeriellen Anweisung zur Führung des Waisenratsamts zu behändigen.

Sind an einem Amtsgericht mehrere Vormundschaften, so werden vom Gerichtsvorstande über die Aushändigung der Anweisung die erforderlichen Anordnungen getroffen.

2. Kapitel.

Geschäftsführung des Gemeindewaisenrats.

1. Bezüglich der Geschäftsführung des Gemeindewaisenrats ist zu unterscheiden zwischen den Gemeinden mit städtischer Verfassung oder den mit mehr als 5000 Einwohnern und in Gemeinden mit weniger als 5000 Einwohnern, sofern diese in Bayern rechts des Rheins Landgemeindeverfassungen haben.

In den ersteren Gemeinden kann die Geschäftsführung des Gemeindewaisenrats, der ja hier eine kollegiale Verfassung hat, durch eine besondere Geschäftsordnung geregelt werden.

Unabhängig von dieser Geschäftsordnung sind aber dem Vorsitzenden des Gemeindewaisenrats in diesen Gemeinden folgende Aufgaben zugewiesen, die nicht durch die Geschäftsordnung anderweitig geregelt werden dürfen, nämlich:

1) Die Verteilung der Geschäfte unter die Waisenräte.

2) Die Beaufsichtigung der Geschäftsführung der Waisenräte.

3) Die Leitung der Verhandlung in den Sitzungen.

4) Die Sorge für die Ausführung der gesetzlichen Beschlüsse.

Ferner haben die einzelnen Waisenräte die Geschäfte bezüglich der ihnen zugewiesenen Vormundschaften und Pflegschaften selbständig wahrzunehmen und innerhalb ihres Geschäftskreises mit den Vormündern, Gegenvormündern und Pflegern, sowie mit dem Vormundschaftsgericht unmittelbar zu verkehren.

In den letzteren Gemeinden ist für den Gemeindewaisenrat eine Geschäftsordnung nicht vorgesehen;

hier nimmt jeder Waisenrat in dem ihm zugewiesenen Bezirke die dem Gemeindewaisenrat obliegenden Verrichtungen selbständig wahr.

Damit die Waisenräte möglichste Kenntnis von wichtigen Vorkommnissen erhalten, sollen sie mit den Mitgliedern des **Armenpflegschaftsrats** und den **Bezirksarmenpflegern** in stetem gegenseitigen Benehmen bleiben; insbebesondere sollen die Waisenräte dem Armenpflegschaftsrate Mitteilung machen, wenn sie davon Kenntnis erlangen, daß die Erziehung von Kindern, für die aus der Armenkasse Unterstützung gewährt wird, von dem Vater, der Mutter, dem Vormund oder dem Pfleger vernachlässigt wird.

Im Falle des Aufenthaltswechsels eines Mündels oder Pfleglings hat der Gemeindewaisenrat des bisherigen Aufenthaltsorts dem **Gemeindewaisenrat** des neuen Aufenthaltsorts die Verlegung des Aufenthalts mitzuteilen (siehe Anhang Seite 72 § 1851 B.GB.) und auch dem **Vormundschaftsgericht** hiervon Anzeige zu machen.

Da es aber des öfteren vorkommt, daß ein bei dem Gemeindewaisenrat des bisherigen Aufenthaltsorts abgemeldeter Mündel im neuen Aufenthaltsort nicht eintrifft und infolgedessen aus der Überwachung des ersten Gemeindewaisenrats ausscheidet, ohne unter die Überwachung des andern Gemeindewaisenrats zu treten, dürfte es zweckmäßig sein, daß die Gemeindewaisenräte, falls ihnen eine Anzeige über den Zuzug eines Mündels oder Pfleglings in ihren Bezirk zugeht, sich alsbald darüber vergewissern, ob der Mündel oder Pflegling auch tatsächlich eingetroffen ist.

Eine diesbezügliche Vorschrift ist bereits in Elsaß-Lothringen ergangen, dort hat der Gemeindewaisenrat, dem der Zuzug eines Mündels gemeldet ist, sowohl wenn der Mündel oder Pflegling in seinem Bezirk eintrifft, wie wenn er nicht eintrifft, dem Gemeindewaisenrat des früheren Aufenthaltsorts entsprechende Mitteilung zu machen.

Erhält der Gemeindewaisenrat des früheren Aufenthaltsorts eine solche Mitteilung in angemessener Frist nicht, so hat er den andern Gemeindewaisenrat um Auskunft zu ersuchen.

Ist der Mündel oder Pflegling im neuen Aufenthaltsort nicht eingetroffen, so hat der Gemeindewaisenrat des bisherigen Aufenthaltsorts, wenn der Verbleib des Mündels (Pfleglings) sich nicht alsbald aufklärt, insbesondere wenn der Verdacht besteht, daß der Vormund (Pfleger) den Mündel (Pflegling) der Überwachung entziehen will oder sich um den Mündel (Pflegling) nicht bekümmert, dem Vormundschaftsgericht Anzeige zu erstatten.

2. Ein besonderes Hilfsmittel der Waisenräte bei ihrer Geschäftsführung ist die Waisenliste.

Diese ist ein Verzeichnis aller Mündel und Pfleglinge, die der Aufsicht des Gemeindewaisenrats unterstellt sind; sie wird auf Grund der Mitteilungen der Vormundschaftsgerichte über die Anordnung von Vormundschaften oder Pflegschaften über die Person des Vormundes, Gegenvormundes oder Pflegers, sowie auf Grund der Mitteilungen anderer Gemeindewaisenräte über die Verlegung des Wohnsitzes von Mündeln in den Bezirk des Gemeindewaisenrats geführt.

Führung der Liste.

Die Führung der Liste ist auch wieder verschieden, je nachdem es sich um Gemeinden mit städtischer Verfassung oder mit mehr als 5000 Einwohnern oder um andere Gemeinden handelt.

In ersteren Gemeinden wird die Liste alphabetisch geführt und für die Führung der Liste sorgt der Vorsitzende des Gemeindewaisenrats;

dieser übergibt jedem Waisenrat diejenigen Mitteilungen des Vormundschaftsgerichts oder der anderen Gemeindewaisenräte, welche sich auf die Mündel oder Pfleglinge beziehen, zu deren Beaufsichtigung der Gemeindewaisenrat berufen ist; auf Grund dieser Mitteilungen führt dann jeder Waisenrat ein besonderes Verzeichnis der von ihn zu beaufsichtigenden Mündel oder Pfleglinge.

In den übrigen Gemeinden führt jeder Waisenrat die Waisenliste nach der Zeitfolge der Mitteilungen der Vormundschaftsgerichte und der anderen Gemeindewaisenräte.

Jeder Mündel — auch jedes von mehreren Geschwistern, die den nämlichen Vormund haben — ist gesondert einzutragen.

Der Umfang der Waisenliste ist so zu bemessen, daß sie für mehrere Jahre geführt werden kann;

sie ist mit einem dauerhaften Einband zu versehen oder in einem festen Umschlag einzuheften.

Die dem Gemeindewaisenrat zukommenden Mitteilungen werden nach der alphabetischen Reihenfolge der Mündel und Pfleglinge aufbewahrt.

Die Mitteilungen sind aber zu vernichten, wenn die Vormundschaft oder Pflegschaft endigt, oder wenn der Mündel seinen Aufenthalt in den Bezirk eines anderen Gemeindewaisenrats verlegt hat (vgl. Min.-Bekanntmachung v. 7. März 1904, abgedruckt im Anhang Seite 93).

Berichtigung der Liste.

Auf Grund der Mitteilungen des Vormundschaftsgerichts über einen in der Person des Vormundes, des Gegenvormundes oder des Pflegers eingetretenen Wechsel (§ 1851 Abs. 1 B.GB. im Anhang Seite 72) sind jeweils die Waisenliste und das von dem kollegialen Waisenrat geführte besondere Verzeichnis richtig zu stellen.

Dazu ergibt sich insbesondere Veranlassung:

a) wenn der Mündel oder Pflegling den Aufenthalt in den Bezirk eines anderen Gemeindewaisenrats verlegt;

b) wenn die Vormund- oder Pflegschaft beendet wird, wovon der Gemeindewaisenrat durch das Vormundschaftsgericht Kenntnis erhält.

In diesen Fällen ist die Eintragung in die Waisenliste durch Durchstreichen zu löschen;

in ersterem Falle ist dann auch noch in der Waisenliste und zwar in der Spalte „Bemerkungen" anzugeben,

a) an welchen Gemeindewaisenrat und

b) an welchem Tage

die Anzeige von der Verlegung des Aufenthalts (s. Seite 61) abgesandt worden ist. Im Falle der Verlegung des Aufenthalts seitens des Mündels oder Pfleglings hat der Gemeindewaisenrat auch dem Vormundschaftsgericht Anzeige zu machen.

In den Waisenlisten sind auch die beim Inkrafttreten des B.GB. schon vorhandenen Mündel und Pfleglinge einzutragen.

Die erste Waisenliste wird vom Vormundschaftsgericht angelegt.

Besonderheiten in der Führung der Waisenliste bei Militärpersonen:

Unter Vormundschaft oder Pflegschaft stehende minderjährige Militärpersonen, deren Garnisonsort ein anderer Ort ist als derjenige, an dem sie bis zu ihrem Eintritt in den Heeresdienst ihren Aufenthalt hatten, werden in die Waisenliste des Gemeindewaisenrats des Garnisonsorts nicht eingetragen.

Hat ein unter Vormund- oder Pflegschaft stehender Minderjähriger, um in den Heeresdienst zu treten, seinen Aufenthalt an einen andern Ort verlegt, so hat der Gemeindewaisenrat des bisherigen Aufenthaltsorts den auf den Minderjährigen bezüglichen Eintrag in der Waisenliste zu löschen.

Dem Gemeindewaisenrat des Garnisonsorts wird die Verlegung nicht mitgeteilt (Minist.-Bekanntmachung vom 13. Aug. 1900, abgedruckt im Anhang Seite 85).

In den Waisenlisten sind auch die beim Inkrafttreten des B.GB. schon vorhandenen Mündel und Pfleglinge einzutragen (siehe Anhang Seite 78 § 21).

Der Bedarf an Waisenlisten ist von den Gemeinden selbst zu decken.

Der erste Bedarf wurde ihnen aus Mitteln des Justizetats geliefert*) (vgl. Minist.-Bekanntmachung vom 9. März 1903, abgedruckt im Anhang Seite 92).

3. Waisenratsversammlungen.

Zeitweise sollen die Waisenräte zusammentreten;

der Zweck dieser Zusammenkünfte ist:

a) von dem Zustand der Aufsicht über die Erziehung und körperliche Pflege des Mündels in dem Bezirke Kenntnis zu erlangen,

b) allgemeine Fragen der Amtsführung zu besprechen und Mängel abzustellen.

In den unmittelbaren Städten, in der Pfalz in den Gemeinden, welche die Kreisregierung, Kammer des Innern im Benehmen mit dem Präsidenten des Oberlandesgerichts bezeichnet, werden diese Versammlungen vom Vorsitzenden des Gemeindewaisenrats einberufen und geleitet.

---

*) Von der Buchdruckerei F. Mühlthaler, Aktiengesellschaft in München werden Formulare zu den Waisenlisten um 2 Pfg. für den Bogen, gleichviel ob Titel- oder Einlagebogen, geliefert.

Zu den Versammlungen soll der Vormundschaftsrichter eingeladen werden und es muß ihm auf sein Erfordern jederzeit das Wort erteilt werden.

Es kann vom Vormundschaftsrichter mit dem Vorsitzenden des Gemeindewaisenrats vereinbart werden, daß die Versammlung im Gerichtsgebäude stattfindet.

Bezüglich der Versammlungen der übrigen Waisenräte des Amtsgerichts werden diese durch den Vormundschaftsrichter berufen und finden unter dessen Beisitz statt.

Dem Vormundschaftsrichter ist es freigestellt, gleich sämtliche Waisenräte auf einmal oder die gewisser Bezirke zusammen zu berufen.

In der Regel werden diese Waisenräte an den Sitz des Gerichts zusammenberufen;

die Versammlung kann aber auch nach dem Ermessen des Vormundschaftsrichters an einem anderen Orte stattfinden;

insbesondere kann der Vormundschaftsrichter, wenn er an einem außerhalb des Amtssitzes gelegenen Orte aus Anlaß eines anderen Amtsgeschäfts sich befindet, die Waisenräte der Umgegend an diesem Orte versammeln.

Die Berufung dieser Waisenräte soll alle 2 Jahre mindestens einmal erfolgen;

jährlich darf sie aber höchstens einmal stattfinden.

Bei Bestimmung von Zeit und Ort der Versammlung hat der Vormundschaftsrichter jede irgend vermeintliche Belästigung der Waisenräte zu vermeiden.

Die Waisenräte sind zur Teilnahme an der Versammlung verpflichtet.

Über Teilnahme der Waisenpflegerinnen an den Versammlungen entscheidet in den unmittelbaren Städten und in der Pfalz in den Gemeinden, welche die Kreisregierung, K. d. J., im Benehmen mit dem Oberlandesgerichtspräsidenten bezeichnet, der Gemeindewaisenrat, in den übrigen Gemeinden der die Versammlung leitende Richter.

Bezüglich Vergütung der baren Auslagen, die den Waisenräten durch die Teilnahme an den Versammlungen erwachsen, vgl. die im Anhang S. 85 abgedruckte Bekanntmachung vom 23. August 1900.

4. Verpflichtung zum Amtsgeheimnis.

Die Waisenräte haben über alle, vermöge ihres Amtes ihnen bekannt gewordenen Angelegenheiten, insbesondere über die Familien und Vermögensverhältnisse der Mündel und Pfleglinge Verschwiegenheit zu beobachten.

Diese Pflicht endigt aber nicht mit dem Aufhören des Amtes als Gemeindewaisenrat, sondern dauert auch noch nachher fort.

5. Portopflicht des Verkehrs mit den Gemeindewaisenräten.

Der Verkehr zwischen den Gerichten und den Gemeindewaisenräten ist portofrei, ebenso wie auch der zwischen den Verwaltungsbehörden und den Gemeindewaisenräten.

Bezüglich der postlichen Behandlung ist aber zu unterscheiden:

Für die Schreiben im letzteren Verkehr gelten die allgemeinen Vorschriften über die als Regierungssachen portofrei zu befördernden Schreiben.

Die Schreiben der Gemeindewaisenräte müssen daher in diesen Fällen auf der Aufschrift des Briefumschlags den Gemeindewaisenrat als Absender bezeichnen und mit dem Vermerk „R. S." sowie mit dem Dienstsiegel (siehe hierüber Seite 67) oder statt dessen mit dem Vermerk „In Ermangelung eines Dienstsiegels" versehen sein;

der letztere Vermerk muß auch von dem Waisenrat handschriftlich durch Unterschrift bestätigt sein.

Die Schreiben im Verkehr mit den Gerichten werden infolge eines von der Justizverwaltung an die Post zu bezahlenden Aversums portofrei befördert.

Diese Schreiben müssen deshalb auf der Aufschriftseite des Briefumschlags den Gemeindewaisenrat als Absender bezeichnen nur mit dem Vermerk „frei laut Aversum Nr. 3" oder (abgekürzt) „frei lt. A. 3" versehen sein; ferner ist auf dem Schreiben ebenfalls das Dienstsiegel oder statt dessen der Vermerk „In Ermanglung eines Dienstsiegels" in der oben angegebenen Weise anzubringen.

Die Portofreiheit ist auf die Schreiben in dem vorausgeführten Verkehr beschränkt; portopflichtig sind deshalb alle übrigen Schreiben der Gemeindewaisenräte, also insbesondere die Schreiben an Gemeindebehörden, andere Gemeindewaisenräte, Armenpflegschaftsräte, Pfarrämter, Vormünder und andere Privatpersonen, ferner alle außerhalb Bayerns zuzustellende Schreiben;

ferner sind portopflichtig Packetpostsendungen sowie Geld- und Wertsendungen.

Für die Mitteilungen, die der Gemeindewaisenrat im Fall der Verlegung des Aufenthaltsorts des Mündels oder Pflegebefohlenen dem Gemeindewaisenrat des neuen Aufenthaltsorts von der Verlegung zu machen hat (siehe oben Seite 44 Kapitel 4), werden den Gemeindewaisenräten von der Justizverwaltung Postkarten mit Dienstmarkenstempel (zu 2 Pf. und 5 Pf.) unentgeltlich zur Verfügung gestellt.

Mit diesen Postkarten sind auch Postkarten für die Mitteilung der Verlegung des Aufenthalts an das Amtsgericht verbunden.

Die letzteren Postkarten sind aber nicht mit Dienstmarken versehen, weil sie infolge des Aversums (siehe Seite 66) portofrei sind; sie müssen deshalb, wie die sonstigen Schreiben an das Amtsgericht, mit dem Vermerk „frei laut Aversum" versehen sein, und dürfen nur im innern Verkehr Bayerns verwendet werden.

Die andern Postkarten werden wie gewöhnliche Postkarten behandelt, und sie können auch dann verwendet werden, wenn sie an einen Gemeindewaisenrat außerhalb Bayerns zu senden sind.

Die genannten Postkarten erhält der Gemeindewaisenrat durch das Amtsgericht gegen schriftliche Empfangsbestätigung.

Falls die Schreibgeschäfte des Gemeindewaisenrats durch den Gemeindeschreiber besorgt werden, können die Karten auch dem Bürgermeister übersendet und von ihm verwahrt werden.

Am Schlusse jeden Jahres haben die Gemeindewaisenräte den Amtsgerichten darüber zu berichten, wie groß ihr Vorrat an Postkarten noch ist und wie viel Postkarten sie für das nächste Jahr voraussichtlich benötigen werden.

Der Gemeindewaisenrat darf natürlich keinen Mißbrauch mit den Karten treiben;

bei auffallend großem Verbrauch von Karten hat das Amtsgericht auf Grund der Waisenliste zu erheben, was der Grund des Verbrauchs ist, ob etwa die Karten mißbräuchlich verwendet oder nachlässig verwahrt werden.

Besondere Aufschreibungen über die versendeten Karten sind aber von den Gemeindewaisenräten nicht zu führen.

Beim Wegfall eines Waisenrats (durch Tod, Wegzug aus der Gemeinde u. s. w.) hat der Bürgermeister die noch vorhandenen Postkarten in Verwahrung zu nehmen und dem Nachfolger im Waisenratsamt zu übergeben.

Das Amtsgericht hat auch, wenn ihm die Neuwahl eines Waisenrats angezeigt wird, darüber Bericht einzufordern, ob der Bürgermeister dieser Verpflichtung nachgekommen ist.

Die Einforderung dieses Berichts ist aber bei den kollegial organisierten Gemeindewaisenräten dann nicht erforderlich, wenn das Amtsgericht mit dem Vorstand des Gemeindewaisenrats die notwendig erscheinenden Maßregeln ein für alle mal vereinbart hat.

(Vgl. des näheren die im Anhang Seite 87 und 89 abgedruckten Ministerial-Bekanntmachungen vom 31. März 1902 und 5. April 1902.)

6. Dienstsiegel des Gemeindewaisenrats.

Für die Gemeindewaisenräte können von den Gemeinden besondere Dienstsiegel geführt werden.

Die Form dieses Siegels ist verschieden, je nachdem die Gemeinde zur Führung eines eigenen Wappens berechtigt ist oder nicht;

in den ersteren Gemeinden enthält das Siegel das Wappen der Gemeinde mit der Umschrift „Gemeindewaisenrat der Gemeinde N.", in den übrigen Gemeinden ist das Siegel des Gemeindewaisenrats gleich dem des Gemeindesiegels mit der Inschrift: „Gemeindewaisenrat der Gemeinde N."

Soweit nicht besondere Siegel für die Gemeindewaisenräte geführt werden, dürfen als Dienstsiegel die Gemeindesiegel verwendet werden.

Zur Anschaffung besonderer Siegel sind übrigens die Gemeinden nicht verpflichtet.

Die Kosten der Anschaffung der Siegel sind auch von den Gemeinden zu tragen (Vgl. Minist.-Bekanntmachung v. 10. Juli 1902 im Anhang Seite 91).

3. Kapitel.

Die Waisenpflegerinnen.

Frauen können zwar nicht zu Mitgliedern des Gemeindewaisenrats gewählt werden; aber es ist ihre Aufstellung als **Waisenpflegerinnen** zugelassen; eine gesetzliche Notwendigkeit zu deren Aufstellung besteht jedoch nicht.

In den größeren Gemeinden beschließt der **Gemeindewaisenrat selbst** über ihre Aufstellung; in den kleineren Gemeinden (s. o. Seite 52 Nr. 2) erfolgt die Aufstellung auf Vorschlag der Waisenräte durch den **Bürgermeister**.

Die Aufstellung ist eine jederzeit **widerrufliche**; daraus folgt, daß die Waisenpflegerinnen auch jederzeit wieder **abgesetzt** werden können;

Die **Absetzung** geschieht in größeren Gemeinden durch den Gemeindewaisenrat, in den kleineren durch den Bürgermeister, ohne daß dieser vorher den Gemeindewaisenrat zu hören braucht.

Andererseits besteht aber auch keine Verpflichtung, der Aufstellung als Waisenpflegerin Folge zu leisten, weil es im Gesetze ausdrücklich heißt, daß nur Frauen aufgestellt werden sollen, welche hierzu bereit sind.

Als Waisenpflegerinnen können nur ehrbare weibliche Personen aufgestellt werden, wie als selbstverständlich sich aus der Aufgabe der Waisenpflege ergibt; im übrigen aber kann jede Person dazu genommen werden, also nicht bloß ledige, sondern auch verheiratete, verwitwete oder geschiedene Frauenspersonen.

Eine eigentliche Verpflichtung der Waisenpflegerinnen findet nicht statt.

Die Stellung der Waisenpflegerinnen ist keine selbständige; sie haben lediglich den Gemeindewaisenrat zu unterstützen und stehen auch unter seiner Leitung, sie können deshalb auch weder mit der Gemeinde, noch mit dem Vormundschaftsgericht noch mit anderen Behörden selbständig verkehren; sie haben sich immer der Vermittlung des Gemeindewaisenrats zu bedienen.

Die Tätigkeit der Waisenpflegerinnen erstreckt sich auch nicht auf alle Mündel, für die der betr. Gemeindewaisenrat zuständig ist, sondern lediglich auf die im Kindesalter stehenden Mündel und auf die weiblichen Mündel; bezüglich dieser haben sie bei der Beaufsichtigung und Überwachung mitzuwirken.

Um eine ersprießliche Tätigkeit ausüben zu können, werden die Waisenpflegerinnen die betreffenden Familien, in denen ihr Mündel untergebracht ist, möglichst oft besuchen und dann über ihre Erfahrungen dem Gemeindewaisenrat berichten.

Auch die Waisenpflegerinnen haben das Amtsgeheimnis zu wahren.

Über Teilnahme der Waisenpflegerinnen an den Waisenratsversammlungen siehe oben S. 64.

Anhang.

Die auf den Gemeindewaisenrat bezüglichen gesetzlichen Bestimmungen und Entschließungen.

1.

Bürgerliches Gesetzbuch.

§ 1675. Der Gemeindewaisenrat hat dem Vormundschaftsgericht Anzeige zu machen, wenn ein Fall zu seiner Kenntnis gelangt, in welchem das Vormundschaftsgericht zum Einschreiten berufen ist.

§ 1779. Ist die Vormundschaft nicht einem nach § 1776 Berufenen zu übertragen, so hat das Vormundschaftsgericht nach Anhörung des Gemeindewaisenrats den Vormund auszuwählen.

Das Vormundschaftsgericht soll eine Person auswählen, die nach ihren persönlichen Verhältnissen und ihrer Vermögenslage sowie nach den sonstigen Umständen zur Führung der Vormundschaft geeignet ist. Bei der Auswahl ist auf das religiöse Bekenntnis des Mündels Rücksicht zu nehmen. Verwandte und Verschwägerte des Mündels sind zunächst zu berücksichtigen.

§ 1849. Der Gemeindewaisenrat hat dem Vormundschaftsgerichte die Personen vorzuschlagen, die sich im einzelnen Falle zum Vormunde, Gegenvormund oder Mitglied eines Familienrats eignen.

§ 1850. Der Gemeindewaisenrat hat in Unterstützung des Vormundschaftsgerichts darüber zu wachen, daß die Vormünder der sich in seinem Bezirk aufhaltenden Mündel für die Person der Mündel, insbesondere für ihre Erziehung und ihre körperliche Pflege, pflichtmäßig Sorge tragen. Er hat dem Vormundschaftsgerichte Mängel und Pflichtwidrigkeiten, die er in dieser Hinsicht wahrnimmt, anzuzeigen und auf Erfordern über das persönliche Ergehen und das Verhalten eines Mündels Auskunft zu erteilen.

Erlangt der Gemeindewaisenrat Kenntnis von einer Gefährdung des Vermögens eines Mündels, so hat er dem Vormundschaftsgericht Anzeige zu machen.

§ 1851. Das Vormundschaftsgericht hat dem Gemeindewaisenrate die Anordnung der Vormundschaft über einen sich in dessen Bezirk aufhaltenden Mündel unter Bezeichnung des Vormundes und des Gegenvormundes sowie einen in der Person des Vormundes oder des Gegenvormundes eintretenden Wechsel mitzuteilen.

Wird der Aufenthalt eines Mündels in den Bezirk eines anderen Gemeindewaisenrats verlegt, so hat der Vormund dem Gemeindewaisenrate des bisherigen Aufenthaltsorts und dieser dem Gemeindewaisenrate des neuen Aufenthaltsorts die Verlegung mitzuteilen.

§ 1862. Soweit eine Berufung nach § 1861 nicht vorliegt oder die Berufenen die Übernahme des Amtes ablehnen, hat das Vormundschaftsgericht die zur Beschlußfähigkeit des Familienrats erforderlichen Mitglieder auszuwählen. Vor der Auswahl sollen der Gemeindewaisenrat und nach Maßgabe des § 1847 Verwandte oder Verschwägerte des Mündels gehört werden.

Die Bestimmung der Zahl weiterer Mitglieder und ihre Auswahl steht dem Familienrate zu.

2.

Gesetz über die Angelegenheiten der freiwilligen Gerichtsbarkeit.

§ 49. Erlangt der Gemeindewaisenrat von einem Falle Kenntnis, in welchem ein Vormund, ein Gegenvormund oder ein Pfleger zu bestellen ist, so hat er dem Vormundschaftsgericht Anzeige zu machen. Zugleich soll er die Person vorschlagen, die sich zum Vormunde, Gegenvormund oder Pfleger eignet.

3.

Bayer. Ausführungsgesetz zum BGB.

Art. 93. Für jede Gemeinde wird ein Gemeindewaisenrat bestellt.

In Städten mit mehr als 100,000 Einwohnern können mehrere Gemeindewaisenräte, jeder für einen abgegrenzten Teil des Stadtbezirkes, gebildet werden.

Art. 94. Der Gemeindewaisenrat besteht in Gemeinden mit städtischer Verfassung sowie in Gemeinden mit mehr als 5000 Einwohnern aus dem Bürgermeister, wo deren mehrere vorhanden sind, aus dem ersten, als Vorsitzenden und aus einer

Anzahl gewählter Waisenräte. Der Bürgermeister kann sich durch ein Mitglied des Magistrats oder der Gemeindeverwaltung vertreten lassen.

In den übrigen Gemeinden werden ein oder mehrere Waisenräte aufgestellt. Bei der Aufstellung mehrerer Waisenräte ist jedem ein örtlich abgegrenzter Bezirk zuzuweisen.

Art. 95. Die Zahl der Waisenräte wird in Gemeinden mit städtischer Verfassung vom Magistrat unter Zustimmung der Gemeindebevollmächtigten, in anderen Gemeinden von der Gemeindeverwaltung festgesetzt. Das Gleiche gilt von der Bildung mehrerer Gemeindewaisenräte nach Artikel 93 Abs. 2. Die Gemeindeverwaltung bestimmt in den Fällen des Artikel 94 Abs. 2 auch die Bezirke der einzelnen Waisenräte.

Art. 96. Die Waisenräte werden in Gemeinden mit städtischer Verfassung von den in einen Wahlkörper vereinigten Magistratsmitgliedern und Gemeindebevollmächtigten, in den übrigen Gemeinden von der Gemeindeverwaltung gewählt.

Zur Wahl der Waisenräte ist nach der Vollendung der ordentlichen Gemeindewahl und nach der Bildung des Armenpflegschaftsrats zu schreiten.

Wählbar ist, wer zum Mitgliede des Armenpflegschaftsrats gewählt werden kann.

Als gewählt ist zu erachten, wer bei der Wahl die meisten Stimmen erhalten hat. Die Wahl gilt für die Zeit bis zu der nächsten nach Abs. 2 stattfindenden Wahl.

Abgänge in dem Personalstande der Waisenräte sind sofort durch Neuwahl zu ersetzen.

Die Gewählten werden durch den Bürgermeister auf Handgelübde verpflichtet.

Art. 97. Das Amt des Waisenrats ist ein unentgeltliches Gemeindeamt.

Art. 98. Der Gemeindewaisenrat ist befugt, Frauen, welche hierzu bereit sind, als Waisenpflegerinnen in widerruflicher Weise aufzustellen.

In den im Artikel 94 Abs. 2 bezeichneten Gemeinden erfolgt die Aufstellung auf den Vorschlag des Waisenrats durch den Bürgermeister.

Die Waisenpflegerinnen haben unter Leitung des Gemeindewaisenrats bei der Beaufsichtigung der im Kindesalter stehenden Mündel und bei der Überwachung weiblicher Mündel mitzuwirken

Art. 99. Die Geschäftsführung des Gemeindewaisenrats, insbesondere der Verkehr mit dem Vormundschaftsgerichte, wird durch die Staatsministerien der Justiz und des Innern geregelt.

Es kann insbesondere angeordnet werden, daß die Waisenräte eines Bezirkes zeitweise unter der Leitung des Vormundschaftsrichters zusammentreten, um von dem Zustande der Aufsicht über die Erziehung und körperliche Pflege der Mündel in dem Bezirke Kenntnis zu erlangen sowie allgemeine Fragen ihrer Amtsführung zu besprechen und Mängel abzustellen.

4.

Bayerische Ausführungsbestimmungen.

a) Bekanntmachung vom 22. Dezember 1899, den Gemeindewaisenrat betr.

(Justizministerialblatt 1899 S. 553.)

Kgl. Staatsministerium der Justiz und Kgl. Staatsministerium des Innern.

Zum Vollzuge der Vorschriften des Bürgerlichen Gesetzbuchs und des Ausführungsgesetzes zum Bürgerlichen Gesetzbuch über den Gemeindewaisenrat werden folgende Bestimmungen getroffen:

1. Bestellung des Gemeindewaisenrats.

§ 1. Vor der Festsetzung der Zahl der Waisenräte soll sich die Gemeindebehörde mit dem Vormundschaftsgerichte benehmen. Die Festsetzung ist dem Vormundschaftsgericht anzuzeigen.

Das Gleiche gilt von einer Änderung der Zahl der Waisenräte.

§ 2. Die Vorschriften des § 1 finden auf die Bildung mehrerer Gemeindewaisenräte nach Artikel 93 Abs. 2 des Ausführungsgesetzes zum Bürgerlichen Gesetzbuche sowie in den Fällen des Artikel 94 Abs. 2 dieses Gesetzes auf die Bildung der Bezirke der einzelnen Waisenräte entsprechende Anwendung.

§ 3. Die im Artikel 96 Abs. 6 des Ausführungsgesetzes zum B.GB. bestimmte Verpflichtung des zum Waisenrate Gewählten ist nicht erforderlich, wenn der Gewählte gleichzeitig ein anderes öffentliches Amt, z. B. als Pfarrer, Magistratsrat oder Mitglied der Gemeindeverwaltung, bekleidet.

§ 4. Die Waisenräte sind bei der Verpflichtung, die Waisenpflegerinnen sind bei der Bestellung auf die Wahrung des Amtsgeheimnisses (§ 20) hinzuweisen.

§ 5. Von der Wahl der Waisenräte hat die Gemeindebehörde dem Vormundschaftsgericht unter Angabe des Namens, des Standes oder Gewerbes und des Wohnorts, in größeren Orten auch der Wohnung, der Gewählten Kenntnis zu geben.

Dabei ist zu bemerken, ob die Gewählten verpflichtet worden sind.

In gleicher Weise ist ein Abgang im Personalstande der Waisenräte sowie das Ergebnis der Ersatzwahl dem Vormundschaftsgericht anzuzeigen.

§ 6. Das Vormundschaftsgericht hat ein Verzeichnis der Waisenräte zu führen. In dem Verzeichnisse sind die Bezirke der Waisenräte anzugeben.

§ 7. Jeder Waisenrat erhält von dem Vormundschaftsgericht ein Exemplar der Anweisung zur Führung des Waisenratsamts. Sind an einem Amtsgerichte mehrere Vormundschaftsrichter aufgestellt, so trifft der Amtsgerichtsvorstand über die Aushändigung der Anweisung die erforderlichen Anordnungen.

2. Geschäftsführung des Gemeindewaisenrats.

§ 8. In Gemeinden mit städtischer Verfassung sowie in Gemeinden mit mehr als 5000 Einwohnern obliegt dem Vorsitzenden des Gemeindewaisenrats die Verteilung der Geschäfte unter die Waisenräte, die Beaufsichtigung der Geschäftsführung der Waisenräte, die Leitung der Verhandlung in den Sitzungen und die Sorge für die Ausführung der gefaßten Beschlüsse.

Die einzelnen Waisenräte haben die Geschäfte bezüglich der ihnen zugewiesenen Vormundschaften und Pflegschaften selbständig wahrzunehmen und innerhalb ihres Geschäftskreises mit den Vormündern, Gegenvormündern und Pflegern sowie mit dem Vormundschaftsgericht unmittelbar zu verkehren.

Im übrigen kann der Gemeindewaisenrat die Geschäftsführung durch eine Geschäftsordnung regeln.

§ 9. In Gemeinden mit weniger als 5000 Einwohnern — in den Landesteilen rechts des Rheins, sofern die Gemeinden die Landgemeindeverfassung haben, — nimmt jeder Waisenrat in dem ihm zugewiesenen Bezirke die dem Gemeindewaisenrat obliegenden Verrichtungen selbständig wahr.

§ 10. Die Waisenräte sollen mit den Mitgliedern des Armenpflegschaftsrats und den aufgestellten Bezirksarmenpflegern in stetem gegenseitigem Benehmen bleiben. Insbesondere sollen die Waisenräte dem Armenpflegschaftsrate Mitteilung machen, wenn sie davon Kenntnis erlangen, daß die Erziehung von Kindern, für welche aus der Armenkasse Unterstützung gewährt wird, von dem Vater, der Mutter, dem Vormund oder dem Pfleger vernachlässigt wird.

§ 11. Auf Grund der Mitteilungen des Vormundschaftsgerichts über die Anordnung der Vormundschaft oder Pflegschaft und über die Person des Vormundes, Gegenvormundes oder Pflegers (§ 1851 Abs. 1 des Bürgerlichen Gesetzbuchs) sowie auf Grund der Mitteilungen anderer Gemeindewaisenräte über die Verlegung des Wohnsitzes in den Bezirk des Gemeindewaisenrats (§ 1851 Abs. 2 des Bürgerlichen Gesetzbuchs, § 13 dieser Bekanntmachung) ist eine Waisenliste nach dem anliegenden Muster zu führen.

In Gemeinden mit städtischer Verfassung sowie in Gemeinden mit mehr als 5000 Einwohnern wird die Liste alphabetisch geführt. Für die Führung der Liste sorgt der Vorsitzende des Gemeindewaisenrats. Der Vorsitzende übergibt jedem Waisenrate diejenigen Mitteilungen des Vormundschaftsgerichts oder anderer Gemeindewaisenräte, welche sich auf Mündel oder Pfleglinge beziehen, zu deren Beaufsichtigung der Waisenrat berufen ist. Der Waisenrat führt auf Grund der Mitteilungen ein Verzeichnis der von ihm zu beaufsichtigenden Mündel und Pfleglinge. Die Mitteilungen werden nach der alphabetischen Reihenfolge der Namen der Mündel und Pfleglinge aufbewahrt.

In den übrigen Gemeinden führt jeder Waisenrat die Waisenliste nach der Zeitfolge der Mitteilungen des Vormundschaftsgerichts und der anderen Gemeindewaisenräte. Die Mitteilungen werden nach der alphabetischen Reihenfolge der Namen der Mündel und Pfleglinge aufbewahrt.

Der Umfang der Waisenliste ist so zu bemessen, daß sie für mehrere Jahre geführt werden kann. Die Waisenliste ist mit einem dauerhaften Einbande zu versehen oder in einen festen Umschlag einzuheften.

§ 12. Auf Grund der Mitteilungen des Vormundschaftsgerichts über einen in der Person des Vormundes, des Gegenvormundes oder des Pflegers eingetretenen Wechsel (§ 1851 Abs. 1 des B.GB.) sind die Waisenliste und das nach § 11 Abs. 2 zu führende Verzeichnis richtig zu stellen.

§ 13. Verlegt der Mündel oder Pflegling den Aufenthalt in den Bezirk eines anderen Gemeindewaisenrats oder wird die Vormundschaft oder Pflegschaft beendet, so ist der Eintrag in der Waisenliste durch Durchstreichen zu löschen.

Im Falle der Verlegung des Aufenthalts des Mündels oder Pfleglings ist in der Waisenliste anzugeben, an welchen Gemeindewaisenrat und an welchem Tage die Anzeige von der Verlegung des Aufenthalts abgesendet worden ist. Von der Verlegung des Aufenthalts hat der Gemeindewaisenrat auch dem Vormundschaftsgericht Anzeige zu machen.

Von der Beendigung der Vormundschaft oder Pflegschaft hat das Vormundschaftsgericht dem Gemeindewaisenrate Kenntnis zu geben.

§ 14. Das Amt eines Waisenrats ist ein gemeindliches Ehrenamt.

Der Waisenrat erhält für seine Tätigkeit keine Vergütung. Die Kosten für das Schreibmaterial, insbesondere die Formulare, die baren Auslagen der Waisenräte und die Portoauslagen für portopflichtige Schreiben und Sendungen sind von der Gemeinde zu bestreiten. Nach Maßgabe des Bedürfnisses hat die Gemeinde ferner für die Besorgung des Schreibwerkes des Gemeindewaisenrats, insbesondere für die Führung der Waisenliste, durch Aufstellung gemeindlicher Bediensteter zu sorgen.

§ 15. Für die Aufforderung an den Gemeindewaisenrat, einen Vormund, Gegenvormund, Pfleger, Beistand oder ein Mitglied eines Familienrats vorzuschlagen (§ 1779 Abs. 1, § 1862 Abs. 1 des Bürgerlichen Gesetzbuchs),

für den Vorschlag des Gemeindewaisenrats (§ 1849 B.GB.),

für die Mitteilung von der Anordnung der Vormundschaft oder Pflegschaft über einen sich im Bezirke des Gemeindewaisenrats aufhaltenden Mündel oder Pflegling (§ 1851 Abs. 1 des Bürgerlichen Gesetzbuchs),

für die Mitteilung von einem Wechsel in der Person des Vormundes, Gegenvormundes oder Pflegers (§ 1851 Abs. 1 des Bürgerlichen Gesetzbuchs),

für die Mitteilung von der Beendigung der Vormundschaft oder Pflegschaft (§ 13 Abs. 3 dieser Bekanntmachung) sowie

für die Mitteilung von der Verlegung des Aufenthalts des Mündels oder Pfleglings an den Gemeindewaisenrat des neuen Aufenthaltsorts (§ 1851 Abs. 2 des B.GB.)

und an das Vormundschaftsgericht

sollen Formulare nach den anliegenden Mustern verwendet werden.

§ 16. Die Waisenräte sollen zeitweise zusammentreten, um von dem Zustande der Aufsicht über die Erziehung und körperliche Pflege der Mündel in dem Bezirke Kenntnis zu erlangen sowie allgemeine Fragen ihrer Amtsführung zu besprechen und Mängel abzustellen.

§ 17. In den unmittelbaren Städten, in der Pfalz in den Gemeinden, welche die Kreisregierung, Kammer des Innern, im Benehmen mit dem Präsidenten des Oberlandesgerichts bezeichnet, werden die nach § 16 stattfindenden Versammlungen vom Vorsitzenden des Gemeindewaisenrats berufen und geleitet. Der Vormundschaftsrichter soll zu den Versammlungen eingeladen werden; auf sein Erfordern muß ihm jederzeit das Wort erteilt werden. Der Vormundschaftsrichter kann mit dem Vorsitzenden des Gemeindewaisenrats vereinbaren, daß die Versammlung im Gerichtsgebäude stattfindet.

§ 18. Die übrigen Waisenräte des Amtsgerichtsbezirkes werden zu den nach § 16 stattfindenden Versammlungen durch den Vormundschaftsrichter berufen. Die Versammlungen finden unter der Leitung des Vormundschaftsrichters statt. Der Vormundschaftsrichter kann sämtliche Waisenräte oder nur die gewisser Bezirke zusammenberufen. Er kann sie auch an einen andern Ort als an den Sitz des Gerichts zusammenberufen. Insbesondere kann er, wenn er an einem außerhalb seines Amtssitzes gelegenen Orte aus Anlaß eines anderen Amtsgeschäfts sich befindet, die Waisenräte der Umgegend an diesem Orte versammeln.

Die Berufung soll alle zwei Jahre mindestens einmal und darf jährlich höchstens einmal stattfinden.

Der Vormundschaftsrichter hat bei Bestimmung von Zeit und Ort der Versammlung jede irgend vermeidbare Belästigung der Waisenräte zu vermeiden.

§ 19. Ueber die Teilnahme der Waisenpflegerinnen an den nach § 16 stattfindenden Versammlungen entscheidet in den im § 17 bezeichneten Gemeinden der Gemeindewaisenrat, in den übrigen Gemeinden der die Versammlung leitende Richter.

§ 20. Die Waisenräte sind verpflichtet, über alle vermöge ihres Amtes ihnen bekannt gewordenen Angelegenheiten, insbesondere über die Familien- und Vermögensverhältnisse der Mündel und Pfleglinge, Verschwiegenheit zu beobachten.

Diese Verpflichtung dauert auch noch nach der Beendigung des Amtes des Waisenrats fort (Art. 106, 112 des Ausf.-Ges. zur Strafprozeßordnung vom 18. August 1879).

Gleiches gilt von den Waisenpflegerinnen.

§ 21. In die Waisenlisten sind auch die bei dem Inkrafttreten des Bürgerlichen Gesetzbuchs schon vorhandenen Mündel und Pfleglinge einzutragen.

Die ersten Waisenlisten sind von den Vormundschaftsgerichten anzulegen. Über die Art der Anlegung trifft, wenn das Amtsgericht mit mehreren Vormundschaftsrichtern besetzt ist, der Amtsgerichtsvorstand, vorbehaltlich des aufsichtlichen Eingreifens des Präsidenten des Landgerichts, die erforderlichen Anordnungen. Die Übersendung der Waisenlisten an die Gemeindewaisenräte soll bis zum 1. April 1900 erfolgen. Bis zu diesem Zeitpunkt unterbleiben die im § 1851 des Bürgerlichen Gesetzbuchs und im § 13 dieser Bekanntmachung bestimmten Mitteilungen des Vormundschaftsgerichts an die Gemeindewaisenräte.

Waisenliste

des

Gemeindewaisenrats

zu

....

Vorschriften über die Führung der Waisenliste:

1. Erhält der Gemeindewaisenrat von dem Vormundschaftsgerichte die Mitteilung von der Anordnung der Vormundschaft oder Pflegschaft über einen sich im Bezirke des Gemeindewaisenrats aufhaltenden Mündel oder Pflegling oder teilt ihm ein anderer Gemeindewaisenrat die Verlegung des Aufenthalts des Mündels mit, so hat der Gemeindewaisenrat auf Grund der Mitteilung den Eintrag in die Liste zu machen. Für den Eintrag ist der Raum zwischen je zwei Zeilen bestimmt.

2. Jeder Mündel — auch jedes von mehreren Geschwistern, die den nämlichen Vormund haben, — ist gesondert einzutragen.

3. Teilt das Vormundschaftsgericht dem Gemeindewaisenrat einen Wechsel in der Person des Vormundes oder Gegenvormundes oder des Pflegers mit, so ist der Eintrag in die Liste richtig zu stellen.

   Teilt das Vormundschaftsgericht die Beendigung der Vormundschaft oder Pflegschaft mit, so ist der Eintrag durch Durchstreichen zu löschen.

4. Zeigt der Vormund an, daß der Mündel seinen Aufenthalt in den Bezirk eines anderen Gemeindewaisenrats verlegt hat, so gibt er dem Gemeindewaisenrate des neuen Aufenthaltsorts Nachricht von der Verlegung und streicht den Eintrag in der Liste aus. In der Spalte „Bemerkungen" ist anzugeben, an welchen Gemeindewaisenrat und an welchem Tage die Nachricht von der Verlegung des Aufenthalts abgesendet worden ist.

5. Alle Schriftstücke des Vormundschaftsgerichts oder anderer Gemeindewaisenräte welche sich auf Einträge in der Waisenliste beziehen, sind nach der alphabetischen Reihenfolge der Namen der Mündel und Pfleglinge aufzubewahren.

Des Mündels oder Pfleglings.			Vornamen, Familiennamen und Stand oder Gewerbe, sowie Wohnort (Wohnung) des Vaters bezw. bei unehelichen Kindern der Mutter des Mündels oder Pfleglings.	Vornamen u. Familiennamen, Stand oder Gewerbe, Wohnort (Wohnung) des Vormundes od. Pflegers	Vor- und Familiennamen, Stand oder Gewerbe, Wohnort (Wohnung) des Gegenvormundes	Bemerkungen. Hier ist insbesondere anzugeben: a. das Vormundschaftsgericht, wenn ein anderes Amtsgericht zuständig ist als das, zu dessen Bezirk der Gemeindewaisenrat gehört b. der Grund der Vormundschaft bei volljährigen Mündeln. c. der Gemeindewaisenrat, an den die Anzeige von der Verlegung des Aufenthalts des Mündels abgesendet worden ist und der Tag der Absendung der Anzeige,
Vornamen und Familiennamen in größeren Orten Angabe der Wohnung	Geburtszeit	Religion				

Formulare

für Mitteilungen des Vormundschaftsgerichts und des Gemeindewaisenrats.

1. Formular für die Aufforderung an den Gemeindewaisenrat, einen Vormund, Gegenvormund oder Pfleger zu benennen.

V.V. .... / ....

........................., den 190

Ich ersuche Sie, mir für ....

eine zum Vormunde (Pfleger) und eine zum Gegenvormunde geeignete Person vorzuschlagen.

K. Amtsgericht.

2. Formular für die Aufforderung an den Gemeindewaisenrat, einen Beistand vorzuschlagen.

V.V. .... / ....

........................., den 190

Ich ersuche Sie, mir zur Unterstützung der Frau .... bei der Ausübung der elterlichen Gewalt eine zum Beistande geeignete Person vorzuschlagen.

K. Amtsgericht.

3. Formular für die Aufforderung an den Gemeindewaisenrat sich zu äußern, ob eine bestimmte Person sich zum Vormunde, Gegenvormunde, Pfleger oder Beistand eignet.

V.V. .... / ....

........................., den 190

Als .... für ....

ist ....

in Vorschlag gebracht worden.

Ich ersuche Sie, sich zu äußern, ob .... sich hierzu eignet. Verneinendenfalls wollen Sie eine andere Person vorschlagen.

K. Amtsgericht.

4. Formular für den Vorschlag des Gemeindewaisenrats.*)

V.V. ......, .. / ....

........................., den 190

Für die Vormundschaft (Pflegschaft) über

....

....

schlage ich vor

als Vormund (Pfleger)

....

....

als Gegenvormund

....

....

Der Waisenrat.

V.V. .... / ....

........................., den 190

Als Beistand für Frau ....

....

schlage ich vor ....

....

Der Waisenrat.

5. Formular für die Mitteilung von der Anordnung einer Vormundschaft oder Pflegschaft.

V.V. .... / ....

........................., den 190

---

*) Der Vorschlag kann auch mit der Aufforderung (Formular 1, 2, 3 verbunden werden, indem auf jedes der Formulare 1, 2, 3 in die untere rechte Hälfte gesetzt wird:

An das K. Amtsgericht
Vorgeschlagen wird

....

....

....

Der Waisenrat.

Vormundschaft (Pflegschaft) ist eingeleitet*) worden

über ....

(Namen, Geburtszeit, Religion der Mündel) ....

(Namen, Stand und Wohnort des Vaters oder der unehelichen Mutter) ....

Als Vormund (Pfleger) ist bestellt ....

....

Gegenvormund ist ....

....

K. Amtsgericht.

6. Formular für Mitteilung eines Wechsels in der Person des Vormundes, Gegenvormundes oder Pflegers.

V.V. ...... / ......

.........., den 190

Als Vormund (Pfleger) / Gegenvormund für ....

....

ist nunmehr ....

....

aufgestellt.

K. Amtsgericht.

---

*) Bei Volljährigen ist der Grund der Vormundschaft anzugeben.

7. Formular für die Mitteilung von der Beendigung der Vormundschaft oder Pflegschaft.

V.V. .... / ....

........................, den 190

Die Vormunndschaft (Pflegschaft) über ....

....

....

ist beendet.

K. Amtsgericht.

8*) Formular für die Mitteilung von der Verlegung des Aufenthalts des Mündels oder Pfleglings.

Der am .... geborene Mündel

... ...

eheliches / uneheliches Kind de ....

.... in ....

Religion ...., hat seinen Aufenthalt in

Ihren Bezirk verlegt.

Vormundschaftsgericht ist das Amtsgericht ....

Vormund ist ....

.... in ....

Gegenvormund ist ....

.... in ....

Der Gemeindewaisenrat.

*) Formular 8 kann unter entsprechender Abänderung auch für die Anzeige an das Vormundschaftsgericht benützt werden.

b) Bekanntmachung vom 13. August 1900, die Führung der Waisenliste betr.

(Justizministerialblatt 1900 S. 1131; Ministerialamtsblatt 1900 S. 521.)

Kgl. Staatsministerium der Justiz und Kgl. Staatsministerium des Innern.

Zur Ergänzung des § 13 der Bekanntmachung vom 22. Dezember 1899, den Gemeindewaisenrat betreffend (JMBl. S. 553, MABl. 1900 S. 108), wird folgendes bestimmt:

Unter Vormundschaft oder Pflegschaft stehende minderjährige Militärpersonen, deren Garnisonort ein anderer Ort ist als derjenige, an welchem sie bis zu ihrem Eintritt in den Heeresdienst ihren Aufenthalt hatten, werden in die Waisenliste des Gemeindewaisenrats des Garnisonortes nicht eingetragen.

Hat ein unter Vormundschaft oder Pflegschaft stehender Minderjähriger, um in den Heeresdienst zu treten, seinen Aufenthalt an einen andern Ort verlegt, so hat der Gemeindewaisenrat des bisherigen Aufenthaltsortes den auf den Minderjährigen bezüglichen Eintrag in der Waisenliste zu löschen. Dem Gemeindewaisenrat des Garnisonortes wird die Verlegung nicht mitgeteilt.

Hiervon sind die Gemeindewaisenräte durch die Amtsgerichte zu verständigen.

c) Bekanntmachung vom 23. August 1900, den Gemeindewaisenrat betr.

(Justizministerialblatt 1900 S. 1134; Ministerialamtsblatt 1900 S. 553.)

Kgl Staatsministerium der Justiz, Kgl. Staatsministerium des Innern und Königliches Staatsministerium der Finanzen.

Den Waisenräten werden die baren Auslagen, die ihnen durch die Teilnahme an den in den §§ 16 bis 19 der Bekanntmachung vom 22. Dezember 1899 (JMBl. S. 553, MABl. 1900 S. 108) vorgeschriebenen Versammlungen erwachsen, nach Maßgabe der folgenden Bestimmungen vergütet:

§ 1. Waisenräte, die ihren Aufenthalt am Orte der Versammlung oder an einem nicht mehr als zwei Kilometer davon entfernten Orte haben, erhalten keine Vergütung.

Mußte der Waisenrat außerhalb seines Aufenthaltsortes zum Versammlungsort einen Weg bis zur Entfernung von mehr als zwei Kilometer zurücklegen, so erhält er eine Entschädigung für die Reise und für den durch die Abwesenheit vom Aufenthaltsorte verursachten Aufwand.

§ 2. Soweit die Eisenbahn, das Dampfboot oder die Post benützt werden kann, erhält der Waisenrat als Entschädigung für die Reise den Ersatz des Fahrpreises und zwar bei Benützung der Eisenbahn des Preises der zweiten Wagenklasse, bei Benützung des Dampfboots des Preises des ersten Platzes. Kann eine Rückfahrkarte verwendet werden, so wird nur der Preis der Rückfahrkarte vergütet.

Soweit die Beförderung auf der Eisenbahn, dem Dampfboot oder der Post nicht möglich oder nicht zweckmäßig ist, erhält der Waisenrat für jedes angefangene Kilometer des Hinwegs und des Rückwegs zehn Pfennig.

§ 3. Die Entschädigung für den durch die Abwesenheit vom Aufenthaltsorte verursachten Aufwand beträgt, wenn der Waisenrat auf die Teilnahme an der Versammlung mit Einschluß des Hinwegs und des Rückwegs mehr als vier Stunden verwenden mußte, drei Mark, anderenfalls zwei Mark.

§ 4. Vorbehaltlich der revisorischen Prüfung werden die Vergütungen vom Richter, welcher die Versammlung leitet, festgesetzt und zur Zahlung angewiesen. Der Richter hat sich dabei einer nach dem anliegenden Formulare herzustellenden Tabelle zu bedienen.

§ 5. Die Zahlung erfolgt durch den rechnungsführenden Gerichtsschreiber aus den Gebühreneinnahmen des Gerichts gegen Abrechnung mit dem Rentamte. Findet die Versammlung nicht am Sitze des Gerichts statt, so ist die Zahlung nach Maßgabe der Bekanntmachung vom 15. Februar 1900, Zahlungen aus den Staatskassen an auswärtige Empfangsberechtigte im Postanweisungsverkehre betr. (JMBl. S. 584, FMBl. S. 178), vom Gerichtsschreiber zu leisten; das Postporto wird von der Staatskasse getragen und ist gleichfalls aus der Gebühreneinnahme zu entnehmen. Bei der Abrechnung mit dem Rentamt ist diesem die im § 4 bezeichnete Tabelle zu übersenden. Sind Vergütungen durch Postanweisung ausgezahlt worden, so sind dem Rentamte mit der Abrechnung die dem Postaufgabebuche (Ziff. 3 der Bekanntmachung vom 15. Februar 1900) zu entnehmenden Postaufgabescheine zu übersenden.

Findet die Versammlung an einem Orte statt, an welchem nicht das Amtsgericht, aber das Rentamt seinen Sitz hat, so ist die Zahlung von dem Rentamt auf Grund der Tabelle zu leisten, die ihm der die Versammlung leitende Richter zu übersenden hat.

d) Bekanntmachung vom 31. März 1902, die Portopflicht des Verkehrs mit den Gemeindewaisenräten betr.

(Justizministerialblatt 1902 S. 524.)

Kgl. Staatsministerium des Königlichen Hauses und des Äußeren, Kgl. Staatsministerium der Justiz, Kgl. Staatsministerium des Innern, Kgl. Staatsministerium der Finanzen.

Bezüglich der Portopflicht des Verkehrs mit den Gemeindewaisenräten wird folgendes bestimmt:

1. Die Schreiben der Distriktsverwaltungsbehörden und der höheren Verwaltungsbehörden an die Gemeindewaisenräte und die Schreiben der Gemeindewaisenräte an die genannten Behörden sind auf Grund der K. Verordnung vom 23. Juli 1829, die Portofreiheit in Amtssachen betr. (Reg.-Bl. S. 521), im inneren Verkehre Bayerns als Regierungssache (R.S.) portofrei.

Für diese Schreiben gelten die allgemeinen Vorschriften über die als Regierungssachen portofrei zu befördernden Schreiben. Die Schreiben der Gemeindewaisenräte müssen daher auf der Aufschriftseite des Briefumschlags den Gemeindewaisenrat als Absender bezeichnen und mit den Vermerken „R.S." sowie „In Ermangelung eines Dienstsiegels" versehen sein; der Vermerk „In Ermangelung eines Dienstsiegels" muß von dem Waisenrate handschriftlich durch Unterschrift bestätigt sein.

2. Die Schreiben der Gerichte an die Gemeindewaisenräte und die Schreiben der Gemeindewaisenräte an die Gerichte werden von der Post infolge eines von der Justizverwaltung an die Post zu bezahlenden Aversums gleichfalls im inneren Verkehre Bayerns portofrei befördert.

Diese Schreiben müssen, wenn sie auf portofreie Beförderung Anspruch machen, auf der Aufschriftseite des Briefumschlags das Gericht oder den Gemeindewaisenrat als Absender bezeichnen und mit dem Vermerk „frei laut Aversum Nr. 3" oder (abgekürzt) „frei lt. A. 3" versehen sein. Die Schreiben der Gerichte müssen ferner mit dem Siegel oder Stempel des Gerichts oder mit einer Siegelmarke versehen sein; bei Postkarten muß das Siegel oder der Stempel auf der Vorderseite der Karte angebracht sein. Auf den Schreiben der Gemeindewaisenräte ist statt des Siegels auf der Aufschriftseite des Briefumschlags oder der Postkarte der Vermerk „In Ermangelung eines Dienstsiegels“ anzubringen; der Vermerk muß von dem Waisenrate handschriftlich durch Unterschrift bestätigt sein.

Paketpostsendungen sowie Geld- und Wertsendungen sind von der portofreien Beförderung ausgeschlossen.

3. Für die Mitteilungen, welche der Gemeindewaisenrat im Falle der Verlegung des Aufenthalts des Mündels oder Pflegebefohlenen dem Gemeindewaisenrate des neuen Aufenthaltsorts von der Verlegung zu machen hat, werden den Gemeindewaisenräten von der Justizverwaltung Postkarten mit Dienstmarkenstempel (zu 2 Pf. und 5 Pf.) unentgeltlich zur Verfügung gestellt. Mit diesen Postkarten sind Postkarten für die Mitteilung der Verlegung des Aufenthalts an das Amtsgericht verbunden. Die Postkarten an das Amtsgericht sind nicht mit Dienstmarkenstempel versehen, weil sie infolge des Aversums portofrei sind.

Die mit Dienstmarkenstempel versehenen Postkarten werden wie gewöhnliche Postkarten behandelt; sie können auch dann verwendet werden, wenn die Karte an einen Gemeindewaisenrat außerhalb Bayerns zu senden ist. Die Postkarten an das Amtsgericht werden wie die übrigen vom Gemeindewaisenrat an das Gericht gerichteten Schreiben (s. Nr. 2) behandelt; sie können nur im inneren Verkehre Bayerns verwendet werden.

4. Alle übrigen Schreiben der Gemeindewaisenräte, also insbesondere die Schreiben an Gemeindebehörden, Armenpflegschaftsräte, Pfarrämter, Vormünder und andere Privatpersonen, sind portopflichtig. Auch die Schreiben der Gemeindewaisenräte an andere Gemeindewaisenräte werden — abgesehen von den unter Nr. 3 erwähnten Mitteilungen — nur gegen Entrichtung des gewöhnlichen Portos befördert.

Portopflichtig sind ferner alle Schreiben der Gemeindewaisenräte, welche außerhalb Bayerns zuzustellen sind; ausgenommen sind nur die mit Dienstmarkenstempel versehenen Postkarten.

5. Die in der Nummer 3 bezeichneten Postkarten werden den Amtsgerichten in der erforderlichen Anzahl übersendet. Die Amtsgerichte haben sie den einzelnen Gemeindewaisenräten gegen schriftliche Empfangsbestätigung hinauszugeben.

Im Laufe des Monats Januar jeden Jahres hat jedes Amtsgericht dem Präsidenten des Landgerichts zu berichten, welchen Bedarf an Postkarten jeder Gattung (2 Pf. und 5 Pf.) es für das Jahr hat; die Bedarfsziffer ist auf einen durch 50 teilbaren Betrag abzurunden. Die Präsidenten der Landgerichte haben eine nach den Amtsgerichten ausgeschiedene

Zusammenstellung des Bedarfs an Postkarten jeder Gattung alsbald dem Staatsministerium der Justiz vorzulegen. Die Postkarten werden dann von dem Markenverlagsamte der K. Generaldirektion der Posten und Telegraphen den einzelnen Amtsgerichten in Paketen von je 50 Stück Doppelkarten unmittelbar zugesendet.

Die Gemeindewaisenräte sind von den Amtsgerichten am Schlusse eines jeden Jahres zum Berichte darüber aufzufordern, wie groß ihr Vorrat an Postkarten noch ist und wie viel sie für das nächste Jahr Postkarten voraussichtlich benötigen werden.

Verbraucht ein Waisenrat auffallend viel Postkarten, so wird sich das Amtsgericht durch Einsicht der Waisenliste darüber vergewissern, ob etwa ein Mißbrauch mit den Karten getrieben worden ist oder Nachlässigkeit in der Verwahrung der Karten vorliegt. Besondere Aufschreibungen über die versendeten Karten sind von den Gemeindewaisenräten nicht zu führen.

Beim Wegfall eines Waisenrats (Tod des Waisenrats, Wegzug aus der Gemeinde u. s. w.) hat der Bürgermeister dafür zu sorgen, daß die noch vorhandenen Postkarten in Verwahrung genommen und dem Nachfolger im Waisenratsamt übergeben werden. Das Amtsgericht hat, wenn ihm die Neuwahl angezeigt wird (§ 5 der Bekanntmachung vom 22. Dezember 1899, JMBl. S. 553), sich darüber berichten zu lassen, ob der Bürgermeister dieser Verpflichtung nachgekommen ist.

e) Bekanntmachung vom 5. April 1902, die Einführung von Postkarten für den dienstlichen Verkehr der Gemeindewaisenräte betr.

(Justizministerialblatt 1902 S. 527.)

Kgl. Staatsministerium der Justiz.

1. Die Amtsgerichte werden demnächst durch das Markenverlagsamt der Kgl. Generaldirektion der Posten und Telegraphen den voraussichtlichen Bedarf an Doppelpostkarten für das laufende Jahr (s. Nr. 3 der Bekanntmachung vom 31. März, die Portopflicht des Verkehrs mit den Gemeindewaisenräten betr., dieser Anhang S. 88) erhalten. Die Bedarfsziffer ist in solcher Höhe festgesetzt, daß die Amtsgerichte mehr Karten erhalten, als sie für die Gemeindewaisenräte voraussichtlich zunächst benötigen werden. Die entbehrlichen Karten

sind von den Amtsgerichten aufzubewahren. Es wird sich auch für die spätere Zeit empfehlen, daß die Amtsgerichte einen kleinen Vorrat an Karten bereit halten, damit sie etwaigen Bitten der Waisenräte um Nachlieferung von Karten entsprechen können. Hierauf ist auch bei der Anzeige der jährlichen Bedarfsziffer (s. Nr. 5 Abs. 2 der bezeichneten Bekanntmachung) Rücksicht zu nehmen.

2. In welcher Weise die Amtsgerichte die Karten den Gemeindewaisenräten hinausgeben (s. Nr. 5 Abs. 1 der bezeichneten Bekanntmachung), richtet sich nach den örtlichen Verhältnissen und bleibt dem Ermessen der Amtsgerichte überlassen. Es steht z. B nichts im Wege, daß, wenn die Schreibgeschäfte des Gemeindewaisenrats durch den Gemeindeschreiber besorgt werden, die Karten dem Bürgermeister übersendet und von ihm aufbewahrt werden.

3. Bei der Übersendung der Karten ist den Gemeindewaisenräten eine schriftliche Belehrung über die Portopflicht der von ihnen ausgehenden Schreiben (Briefe und Karten) und über den Zweck und die Art der Verwendung der Doppelkarten zu erteilen. Hierbei sind die Abkürzungen, welche in den auf den Karten abgedruckten Formularen enthalten sind, zu erläutern. Auch sind die Waisenräte darauf aufmerksam zu machen, daß die von ihnen abzusendenden Doppelkarten vor der Aufgabe zur Post jeweils von einander abzutrennen sind. Die Waisenräte sind ferner darauf hinzuweisen, daß sie, wenn für einen Mündel ein nichtbayerisches Gericht als Vormundschaftsgericht zuständig ist, die Verlegung des Aufenthalts des Mündels dem Gerichte nicht anzuzeigen brauchen; mit Rücksicht hierauf sind die für die Mitteilung an das Gericht bestimmten Karten nur innerhalb Bayerns verwendbar (s. Nr. 3 Abs. 2 der bezeichneten Bekanntmachung).

4. Die Vorschriften der bezeichneten Bekanntmachung gelten übrigens auch dann, wenn das Schreiben des Gemeindewaisenrats sich auf einen vermögenslosen Mündel bezieht. Für solche Schreiben kann nicht auf Grund des § 9 Abs. 2 der Kgl. Verordnung vom 23. Dezember 1899 (JMBl. 1900 S. 335), nach welchem die in Armensachen von öffentlichen Behörden ausgehenden Schreiben in der freiwilligen Gerichtsbarkeit portofrei sind, Portofreiheit beansprucht werden. Denn der § 9 Abs. 2 betrifft nur den Fall, daß andernfalls die Partei selbst das Porto zu tragen hätte.

Dagegen findet der § 9 Abs. 2 der bezeichneten Kgl. Verordnung auf die von den Gerichten an die Gemeindewaisenräte gerichteten Schreiben Anwendung. Die Schreiben, welche von den Gerichten auf dem Gebiete der freiwilligen Gerichtsbarkeit an die Gemeindewaisenräte in einer Armensache gerichtet sind, werden deshalb als Regierungssache (R. S.) portofrei befördert.

5. Bezüglich der kollegial organisierten Gemeindewaisenräte (Artikel 94 Abs. 1 des AG. z. B.GB.) empfiehlt es sich, daß die Gerichte sich mit den Vorständen derselben hinsichtlich der Übersendung und Verwahrung der Karten vorher ins Benehmen setzen.

Bei den kollegial organisierten Gemeindewaisenräten braucht der im letzten Absatze der Nr. 5 der bezeichneten Bekanntmachung vorgesehene Bericht, daß beim Wegfall eines Waisenrats wegen der noch vorhandenen Karten Vorsorge getroffen worden ist, dann nicht erfordert zu werden, wenn das Amtsgericht mit dem Vorstande des Gemeindewaisenrats die notwendig erscheinenden Maßregeln ein für alle Mal vereinbart hat.

6. Auf den Versammlungen der Waisenräte ist die Portopflicht zum Gegenstande besonderer Belehrungen zu machen. Es erscheint angezeigt, daß im laufenden Jahre jedes Amtsgericht sämtliche Waisenräte sobald als tunlich zu einer Versammlung einberuft.

f) Bekanntmachung vom 10. Juli 1902, die Dienstsiegel der Gemeindewaisenräte betr.

(Justizministerialblatt 1902 S. 677).

Kgl. Staatsministerium der Justiz und Kgl. Staatsministerium des Innern.

Im Namen Seiner Majestät des Königs.

Seine Kgl. Hoheit Prinz Luitpold, des Königreichs Bayern Verweser, haben allergnädigst zu bestimmen geruht, daß als Dienstsiegel der Gemeindewaisenräte die Gemeindesiegel verwendet werden dürfen, den Gemeinden jedoch gestattet ist, für die Gemeindewaisenräte besondere Dienstsiegel zu führen und zwar den zur Führung eines eigenen Wappens berechtigten Gemeinden ein Siegel mit diesem Wappen und der Umschrift: „Gemeindewaisenrat der Gemeinde N.", den übrigen Gemeinden ein Siegel nach dem Muster des Gemeindesiegels mit der Inschrift: „Gemeindewaisenrat der Gemeinde N."

Zum Vollzuge dieser Bestimmung wird hiermit folgendes angeordnet:

1. Die Anfertigung der Siegel darf nur dem Kgl. Hauptmünzamt übertragen werden; anderwärts bezogene Siegel dürfen nicht geführt werden.
2. Der Preis für die vom Kgl. Hauptmünzamte zu liefernden Siegel beträgt für
   a) Farbdrucksiegel und zwar
      der Städte mit eigenem Wappen . . . . 14 M,
      der Märkte mit eigenem Wappen . . . . 12 M,
      der übrigen Gemeinden . . . . 9 M,
   b) Trocken- oder Oblaten-Siegel und zwar
      der Städte mit eigenem Wappen . . . . 10 M,
      der Märkte mit eigenem Wappen . . . . 8 M,
      der übrigen Gemeinden . . . . 5 M,
3. Es wird ausdrücklich darauf aufmerksam gemacht, daß die Gemeinden **nicht verpflichtet** sind, für die Gemeindewaisenräte besondere Siegel anzuschaffen.

   Auch bleibt die Vorschrift unberührt, daß die Gemeindewaisenräte, um die Portofreiheit für ihre Schreiben an die Verwaltungsbehörden und an die Gerichte in Anspruch nehmen zu können, sowie bei Benützung der ihnen von den Gerichten zur Verfügung gestellten Postkarten befugt sind, statt eines Dienstsiegels den Vermerk „In Ermangelung eines Dienstsiegels" anzubringen (Bekanntmachung vom 31. März 1902, JMBl. S. 524).
4. Die Kosten der Anschaffung der Siegel sind von der Gemeinde zu tragen.

g) Bekanntmachung vom 9. März 1903, die Formulare zu den Waisenlisten betr.

(**Justizministerialblatt** 1903 S. 97; **Ministerialamtsblatt** 1903 S. 105).

Kgl. Staatsministerium der Justiz.

Der erste Bedarf an **Waisenlisten** (s. das Formular im JMBl 1899 S. 561) wurde den Gemeinden aus Mitteln des Justizetats geliefert. Der weitere Bedarf muß von den Gemeinden selbst gedeckt werden (§ 14 der Bekanntmachung vom 22. Dezember 1899, JMBl. 1899 S. 553).

Die Buchdruckerei von E. Mühlthaler, Aktiengesellschaft, in München hat sich bereit erklärt, Formulare zu den Waisenlisten um den Preis von zwei Pfennig für den Bogen — und zwar ohne Unterschied ob Titel- oder Einlagebogen — zu liefern.

Im Einverständnisse mit dem Kgl. Staatministerium des Innern werden die Amtsgerichte hiermit angewiesen, die Gemeindewaisenräte darauf aufmerksam zu machen, daß die Formulare zu den Waisenlisten aus Mitteln der Gemeinde angeschafft werden müssen und von der genannten Firma um den angegebenen Preis bezogen werden können. Den Gemeinden steht übrigens frei, die Formulare von einer anderen Firma zu beziehen.

h) Bekanntmachung vom 7. März 1904, die Führung der Waisenlisten betr.

(Justizministerialblatt 1904 S. 53; Ministerialamtsblatt 1904 S. 91.)

Kgl. Staatsministerium der Justiz, Kgl. Staatsministerium des Innern.

Nach § 11 Abs. 2, 3 der Bekanntmachung vom 22. Dezember 1899, den Gemeindewaisenrat betreffend (JMBl. 1899 S. 553, MABl. 1900 S. 108), haben die Waisenräte die Mitteilungen des Vormundschaftsgerichts über die Anordnung der Vormundschaft oder Pflegschaft und über die Person des Vormundes, Gegenvormundes oder Pflegers sowie die Mitteilungen anderer Gemeindewaisenräte über die Verlegung des Aufenthalts des Mündels in den Bezirk des Gemeindewaisenrats aufzubewahren. Die Amtsgerichte haben die Waisenräte darauf aufmerksam zu machen, daß, wenn der auf einen Mündel bezügliche Eintrag in der Waisenliste gelöscht wird, weil die Vormundschaft oder Pflegschaft beendigt ist oder der Mündel seinen Aufenthalt in den Bezirk eines anderen Waisenrats verlegt hat, die auf den Mündel sich beziehenden Mitteilungen vernichtet werden sollen. Die Mitteilungen des Vormundschaftsgerichts über die Beendigung der Vormundschaft oder Pflegschaft (§ 13 Abs. 3 der Bekanntmachung vom 22. Dezember 1899) sollen sofort nach der Berichtigung der Waisenliste vernichtet werden.

5.

Zwangserziehungsgesetz.

a) Das Zwangserziehungsgesetz vom 10. Mai 1902.

(Gesetz- und Verordnungsblatt 1902 S. 180.)

Im Namen Seiner Majestät des Königs.

Luitpold,

von Gottes Gnaden Königlicher Prinz von Bayern, Regent.

Wir haben nach Vernehmung des Staatsrats mit Beirat und Zustimmung der Kammer der Reichsräte und der Kammer der Abgeordneten beschlossen und verordnen, was folgt:

Art. 1. Das Vormundschaftsgericht kann zum Zwecke der Erziehung eines Minderjährigen dessen Unterbringung in einer geeigneten Familie oder in einer Erziehungs- oder Besserungsanstalt auf öffentliche Kosten (Zwangserziehung) anordnen,

1. wenn die Voraussetzungen des § 1666 oder des § 1838 des Bürgerlichen Gesetzbuchs vorliegen und die Zwangserziehung erforderlich ist, um die sittliche oder körperliche Verwahrlosung des Minderjährigen zu verhüten;

2. wenn der Minderjährige eine strafbare Handlung begangen hat, wegen deren er in Anbetracht seines jugendlichen Alters strafrechtlich nicht verfolgt werden kann, und mit Rücksicht auf die Beschaffenheit der Handlung, die Persönlichkeit der Eltern oder sonstigen Erzieher und die übrigen Lebensverhältnisse des Minderjährigen seiner weiteren sittlichen Verwahrlosung nur durch die Zwangserziehung vorgebeugt werden kann;

3. wenn die Zwangserziehung zur Verhütung des völligen sittlichen Verderbens des Minderjährigen notwendig ist.

Die Zwangserziehung soll nach Vollendung des sechzehnten Lebensjahres eines Minderjährigen nur in besonderen Fällen angewendet werden.

Art. 2. Die Staatsanwaltschaften, die Polizeibehörden und die Schulbehörden sind verpflichtet, die zu ihrer Kenntnis gelangenden Tatsachen, welche die Zulässigkeit der Zwangserziehung begründen dem Vormundschaftsgerichte mitzuteilen.

Art. 3. Vor der Anordnung der Zwangserziehung hat das Vormundschaftsgericht, wenn es ohne erhebliche Verzögerung und ohne unverhältnißmäßige Kosten geschehen kann, die Eltern und den gesetzlichen Vertreter des Minderjährigen, sowie den Minderjährigen selbst, wenn er das vierzehnte Lebensjahr vollendet hat, ferner das Pfarramt und, sofern der

Minderjährige noch eine Schule besucht, die zuständige Schulbehörde zu hören.

Die Akten sind sodann der Distriktsverwaltungsbehörde zur Äußerung mitzuteilen. Die Distriktsverwaltungsbehörde hat der Heimatgemeinde und, wenn der Minderjährige in Bayern eine Heimat nicht besitzt, dem Kreisfiskalate Gelegenheit zu geben, sich über die Anordnung und die Art der Zwangserziehung zu äußern.

Art. 4. Das Vormundschaftsgericht hat über die Anordnung der Zwangserziehung einen förmlichen Beschluß zu fassen, in welchem der Eintritt der gesetzlichen Voraussetzungen unter Bezeichnung der für erwiesen erachteten Tatsachen festzustellen ist.

Bei Gefahr auf Verzug kann das Vormundschaftsgericht, auch bevor das Verfahren abgeschlossen ist, durch einen schriftlichen, mit Gründen versehenen Bescheid eine vorläufige Unterbringung anordnen.

Die Verfügung des Vormundschaftsgerichts, durch welche die Zwangserziehung oder die vorläufige Unterbringung angeordnet wird, ist den Eltern und dem gesetzlichen Vertreter des Minderjährigen, dem Minderjährigen selbst, wenn er das vierzehnte Lebensjahr vollendet hat, der Distriktsverwaltungsbehörde und der Heimatgemeinde zuzustellen und kann von ihnen mit sofortiger Beschwerde angefochten werden. Die Beschwerde gegen die die Zwangserziehung anordnende Verfügung hat aufschiebende Wirkung.

Art. 5. Der Vollzug der gerichtlichen Anordnung, insbesondere die Entscheidung darüber, ob der Minderjährige in einer Familie oder in einer Erziehungs- oder Besserungsanstalt unterzubringen ist, obliegt der Distriktsverwaltungsbehörde.

Auf das Glaubensbekenntnis des Minderjährigen muß bei der Auswahl der Familie oder der Anstalt Rücksicht genommen werden.

Art. 6. Die Aufhebung der Zwangserziehung erfolgt durch Beschluß des Vormundschaftsgerichts. Das Vormundschaftsgericht hat die Zwangserziehung aufzuheben, wenn die Voraussetzungen der Anordnung weggefallen sind. Die Aufhebung kann unter dem Vorbehalte des Widerrufs beschlossen werden. Vor der Entscheidung ist die Distriktsverwaltungsbehörde zu hören.

Der die Zwangserziehung aufhebende Beschluß ist der Distriktsverwaltungsbehörde bekannt zu machen. Dieser steht die sofortige Beschwerde mit aufschiebender Wirkung zu.

Auch ohne Anordnung des Vormundschaftsgerichts ist die

Distriktsverwaltungsbehörde berechtigt, die vorläufige Entlassung aus der Zwangserziehung zu verfügen.

Über das achtzehnte Lebensjahr des Minderjährigen hinaus soll die Zwangserziehung nur in besonderen Fällen fortgesetzt werden.

Art. 7. Die Distriktsverwaltungsbehörde hat von der Unterbringung und von der vorläufigen Entlassung dem Vormundschaftsgerichte und von der Unterbringung in einer Familie auch dem Gemeindewaisenrate Kenntnis zu geben.

Der Gemeindewaisenrat hat über die Erziehung der in Familien untergebrachten Minderjährigen, auch wenn sie nicht unter Vormundschaft stehen, zu wachen und auf Erfordern der Distriktsverwaltungsbehörde Auskunft zu erteilen, sowie dieser auch unaufgefordert etwaige Mängel anzuzeigen.

Der Gemeindewaisenrat kann zu diesem Zwecke die Mitwirkung der Waisenpflegerinnen in Anspruch nehmen.

Art. 8. Die Kosten der Zwangserziehung sind vorläufig von der Heimatgemeinde des Minderjährigen oder, wenn dieser in Bayern eine Heimat nicht besitzt, von der Staatskasse zu bestreiten.

Besitzt der Minderjährige Vermögen oder erwirbt er binnen zehn Jahren nach der Aufhebung der Zwangserziehung ein Vermögen, welches ihm unbeschadet der Sicherstellung des Lebensunterhaltes die Ersatzleistung ermöglicht, so ist er zum Ersatze der Kosten der Zwangserziehung verpflichtet. Desgleichen haben diejenigen, welche dem Minderjährigen gegenüber nach den Vorschriften des Bürgerlichen Gesetzbuchs während der Dauer der Zwangserziehung unterhaltungspflichtig sind, Ersatz der Kosten zu leisten.

In Ermanglung zahlungsfähiger Verpflichteter kann die Heimatgemeinde beanspruchen, daß ihr ein Fünftel der Kosten von der Distriktsgemeinde und zwei Fünftel der Kosten von der Staatskasse ersetzt werden.

Die Kosten einer vorläufigen Unterbringung sind, wenn die Zwangserziehung demnächst nicht angeordnet wird, von der Staatskasse zu tragen und, soweit dieselben von dem Minderjährigen oder einem Unterhaltspflichtigen, von der Heimatgemeinde oder der Distriktsgemeinde bestritten worden sind, zu ersetzen.

Art 9. Streitigkeiten über die in Art. 8 Abs. 1, 3, 4 begründeten Ansprüche und Verbindlichkeiten werden von den Distriktsverwaltungsbehörden in erster und von den K. Regierungen, Kammern des Innern, in zweiter Instanz entschieden.

Gegen die Entscheidungen der K. Regierungen, Kammern des Innern, ist Beschwerde nach Art. 45 des Gesetzes vom

8. August 1878, betreffend die Errichtung eines Verwaltungsgerichtshofes und das Verfahren in Verwaltungsrechtssachen, zulässig.

Art. 10. Auf Antrag der Heimatgemeinde oder des Kreisfiskalates können die Eltern und Großeltern des Minderjährigen durch Beschluß der Distriktsverwaltungsbehörde angehalten werden, nach Maßgabe ihrer Unterhaltspflicht die Kosten der Zwangserziehung zu bestreiten und die hierfür gemachten Aufwendungen zu ersetzen. Das gleiche gilt in Ansehung eines unehelichen Kindes von dem Vater, sofern er seine Vaterschaft nach § 1718 des Bürgerlichen Gesetzbuchs anerkannt hat, oder seine Unterhaltspflicht in einem vollstreckbaren Titel festgestellt ist.

Gegen den Beschluß der Distriktsverwaltungsbehörde kann binnen vierzehn Tagen Beschwerde zur K. Regierung, Kammer des Innern ergriffen werden, welche vorbehaltlich des Rechtswegs endgültig entscheidet.

Die Entscheidung der Verwaltungsbehörde ist vorläufig vollstreckbar.

Erfolgt durch rechtskräftiges gerichtliches Urteil eine abändernde Entscheidung, so hat die Heimatgemeinde oder, wenn der Minderjährige in Bayern eine Heimat nicht besitzt, die Staatskasse dem in Anspruch genommenen Angehörigen das bis dahin Geleistete beziehungsweise das zu viel Geleistete und die Prozeßkosten, soweit diese nicht ihm selbst auferlegt sind, zu ersetzen. Im Weigerungsfalle ist die Heimatgemeinde hierzu im Aufsichtswege anzuhalten. Die Heimatgemeinde kann ihrerseits Ersatz nach Maßgabe des Art. 8 Abs. 3 beanspruchen.

Art. 11. Die den Gemeinden und den Distriktsgemeinden, sowie dem Staate durch die Zwangserziehung Minderjähriger erwachsenden Kosten gelten in keiner Hinsicht als Armenunterstützungen.

Art. 12. Soweit nicht in diesem Gesetze ein Anderes vorgeschrieben ist, sind für die Zuständigkeit und das Verfahren in Angelegenheiten der Zwangserziehung die allgemeinen gesetzlichen Vorschriften, insbesondere für die Zuständigkeit und das Verfahren der Gerichte die für Vormundschaftssachen geltenden Vorschriften maßgebend.

Die örtliche Zuständigkeit der Distriktsverwaltungsbehörde bestimmt sich nach der Heimat des Minderjährigen oder, wenn dieser in Bayern eine Heimat nicht besitzt, nach demjenigen Orte, an welchem die Zuständigkeit des Vormundschaftsgerichts begründet ist. In München ist die K. Polizeidirektion zuständig.

Für die Verhandlungen in Angelegenheit der Zwangserziehung kommen Gebühren und Porti nicht in Ansatz. Die baren Auslagen werden aus der Staatskasse bestritten. Die durch unbegründete Anträge und Einwendungen verursachten Kosten können den Beteiligten überbürdet werden.

Art. 13. Mit Geldstrafe bis zu einhundert fünfzig Mark oder mit Haft wird bestraft, wer einen zur Zwangserziehung in einer Familie oder in einer Anstalt untergebrachten Minderjährigen unbefugt entfernt oder zur Entfernung verleitet.

Art. 14. Vorstehender Artikel findet auch bei Unterbringung von Minderjährigen auf Grund des § 56 und des § 362 Abs. 3 Satz 2 des Reichsstrafgesetzbuches Anwendung.

Im Übrigen sind für solche Fälle die zum Vollzuge dieser Bestimmungen erlassenen oder künftig zu erlassenden Ministerialvorschriften maßgebend. Die Kosten der Unterbringung trägt in diesen Fällen die Staatskasse.

Art. 15. Gegenwärtiges Gesetz tritt am 1. Juli 1902 in Kraft.

b) Bekanntmachung vom 28. Juni 1902, Ausführungsbestimmungen zum Zwangserziehungsgesetz betr.

Kgl. Staatsministerium der Justiz, des Innern beider Abteilungen und der Finanzen.

(Justizministerialblatt S. 629; Ministerialamtsblatt S. 267.)

Zum Vollzuge des Gesetzes vom 10. Mai 1902, die Zwangserziehung betreffend (Ges.- u. Verordn.-Bl. S. 180), wird Nachstehendes verfügt:

I. Voraussetzungen der Zwangserziehung.

§ 1. Zwangserziehung im Sinne des Zwangserziehungsgesetzes und dieser Ausführungsbestimmungen ist die Unterbringung eines Minderjährigen in einer Familie oder in einer Erziehungs- oder Besserungsanstalt auf öffentliche Kosten zum Zwecke der Erziehung.

§ 2. Die Zwangserziehung ist zulässig:

1. wenn sie erforderlich ist, um die sittliche oder körperliche Verwahrlosung des Minderjährigen zu verhüten.

Steht jedoch das Erziehungsrecht dem Vater oder der ehelichen oder der unehelichen Mutter zu — gleichgültig ob der Minderjährige unter elterlicher Gewalt steht oder bevormundet ist, — so ist weitere Voraussetzung, daß die Gefahr der Verwahrlosung durch ein schuldhaftes Verhalten des erziehungsberechtigten Elternteils herbeigeführt worden ist. Ein schuldhaftes Verhalten des erziehungsberechtigten Elternteils liegt vor, wenn das geistige oder leibliche Wohl des Minderjährigen dadurch gefährdet erscheint, daß der erziehungsberechtigte Elternteil das Recht der Sorge für die Person des Minderjährigen mißbraucht, den Minderjährigen vernachlässigt oder sich eines ehrlosen oder unsittlichen Verhaltens schuldig macht.

2. wenn der Minderjährige eine strafbare Handlung begangen hat, wegen deren er in Anbetracht seines jugendlichen Alters gemäß § 55 des Strafgesetzbuchs strafrechtlich nicht verfolgt werden kann, und mit Rücksicht auf die Beschaffenheit der Handlung, die Persönlichkeit der Eltern oder sonstigen Erzieher und die übrigen Lebensverhältnisse des Minderjährigen seiner weiteren sittlichen Verwahrlosung nur durch die Zwangserziehung vorgebeugt werden kann.

3. wenn die Zwangserziehung zur Verhütung des völligen sittlichen Verderbens des Minderjährigen notwendig ist. In diesem Falle kommt es weder darauf an, ob der Erziehungsberechtigte die Verwahrlosung verschuldet hat, noch darauf, ob sich die Verwahrlosung bereits in einer strafbaren Handlung des Minderjährigen geäußert hat.

§ 3. Die Zwangserziehung soll das letzte Auskunftsmittel sein; sie greift so tief in die Verhältnisse des Minderjährigen und seiner Angehörigen ein, daß sie nur angeordnet werden darf, wenn auf anderem Wege eine geordnete Erziehung nicht zu erreichen ist.

Hat die Verwahrlosung des Minderjährigen ihren Grund in wirtschaftlicher Not der Eltern oder sonstigen Erzieher oder in mangelhafter Fürsorge für ein verwaistes Kind, so ist zunächst darauf zu achten, ob nicht durch Maßnahmen der Armenpflege Abhilfe geschaffen werden kann.

Die Zwangserziehung darf nicht dazu benützt werden, um Armenlasten abzuwälzen.

§ 4. Eine untere Altersgrenze für die Anordnung der Zwangserziehung besteht nicht. Es können ihr also auch Kinder überwiesen werden, die das schulpflichtige Alter noch nicht erreicht haben; bei diesen ist aber mit besonderer Sorgfalt zu prüfen, ob nicht durch andere Maßnahmen dem Bedürfnisse genügt werden kann.

Hat der Minderjährige das 16. Lebensjahr vollendet, so soll die Zwangserziehung nur in besonderen Fällen angeordnet werden, d. h. nur, wenn begründete Aussicht besteht, daß durch die Zwangserziehung eine Besserung erreicht wird.

Bei minderjährigen Mädchen, welche sich der gewerbsmäßigen Unzucht ergeben haben, ist in jedem Falle die Frage der Zwangserziehung zu würdigen und darf vorher eine sittenpolizeiliche Aufsicht (§ 361 Nr. 6 des Strafgesetzbuchs) nicht angeordnet werden.

§ 5. Die Anwendbarkeit des Zwangserziehungsgesetzes wird nicht dadurch ausgeschlossen, daß der Minderjährige hinsichtlich dessen die Voraussetzungen des § 2 vorliegen, oder seine unterhaltspflichtigen Verwandten hinreichendes Vermögen besitzen, um die Kosten der Unterbringung in einer Familie oder in einer Erziehungs- oder Besserungsanstalt zu bestreiten.

Das Vormundschaftsgericht ist aber in einem solchen Falle, sofern die Voraussetzungen des § 1666 oder des § 1838 des B.GB. gegeben sind, auch berechtigt, die Unterbringung in einer Familie oder Anstalt ohne Mitwirkung der Distriktsverwaltungsbehörde anzuordnen und die Anordnung selbst zu vollziehen. Die in den §§ 10, 11, 13, 22, 24—28, 30—38 für die Zwangserziehung getroffenen Ausführungsbestimmungen werden indessen dem Vormundschaftsgericht auch für den Fall, daß es selbst die Unterbringung in die Hand nimmt, zur Richtschnur zu dienen haben.

Es wird sich übrigens empfehlen, daß das Vormundschaftsgericht von dieser Befugnis nur dann Gebrauch macht, wenn von Anfang an unzweifelhaft ist, daß die sämtlichen Kosten von dem Minderjährigen oder dessen unterhaltspflichtigen Verwandten gedeckt werden.

§ 6. Das Zwangserziehungsgesetz findet, sofern nur die Voraussetzungen des § 2 gegeben sind, auch dann Anwendung, wenn der Erziehungsberechtigte gemäß § 1631 Abs. 2 Satz 2, §§ 1686, 1800 des B.GB. die Zwangserziehung selbst beantragt.

II. Anordnung der Zwangserziehung.

§ 7. Die Zwangserziehung kann nur vom Vormundschaftsgericht angeordnet werden. Das Vormundschaftsgericht muß die Zwangserziehung anordnen, wenn ihm sei es durch eigene Wahrnehmungen oder in Folge der Anzeige eines Dritten Tatsachen bekannt werden, welche die Zulässigkeit der Zwangserziehung begründen.

§ 8. Die Staatsanwaltschaften, die Polizeibehörden und die Schulbehörden sind nach Art. 2 des Zwangserziehungsgesetzes, die Gemeindewaisenräte sind nach den §§ 1675, 1686, 1850 des B.GB. verpflichtet, die zu ihrer Kenntnis gelangenden Tatsachen, welche die Zulässigkeit der Zwangserziehung begründen, dem Vormundschaftsgerichte mitzuteilen.

Die Staatsanwaltschaften haben nicht nur die Fälle mitzuteilen, in denen ein Minderjähriger sich einer strafbaren Handlung schuldig gemacht hat, welche im Zusammenhalte mit den sonstigen Verhältnissen des Minderjährigen die Zwangserziehung erforderlich erscheinen läßt, sondern auch die Fälle, in welchen durch Handlungen anderer Personen, z. B. durch Mißhandlungen seitens der Eltern, Vornahme unzüchtiger Handlungen, Kuppelei, nach den Umständen des Falles die Besorgnis der Verwahrlosung des Minderjährigen begründet erscheint.

Die Polizeibehörden werden insbesondere auch dann, wenn ein Minderjähriger der Landespolizeibehörde überwiesen worden ist, die Frage zur Erörterung bringen, ob nicht dem Vollzuge der Überweisung die Einleitung der Zwangserziehung vorzuziehen sei.

Den Amtsärzten hat das Zwangserziehungsgesetz eine Anzeigepflicht nicht auferlegt. Die Amtsärzte sind schon vermöge ihrer Allgemeinen Dienstpflicht zur Mitwirkung beim Vollzuge des Zwangserziehungsgesetzes berufen und haben deshalb dem Vormundschaftsgericht oder der Polizeibehörde die zur Zwangserziehung geeigneten Fälle, welche zu ihrer Kenntnis gelangen, mitzuteilen, soweit nicht ihre Verpflichtung zur Wahrung des Berufsgeheimnisses entgegensteht.

Auch die Verwaltungen der Strafanstalten haben, wenn sie die Einleitung der Zwangserziehung gegen einen jugendlichen Gefangenen nach verbüßter Strafe für notwendig erachten, hiervon nach Anhörung des Anstaltsgeistlichen und des Lehrers dem Vormundschaftsgerichte Mitteilung zu machen.

§ 9. Das Vormundschaftsgericht hat nach Maßgabe der Vorschriften des Zwangserziehungsgesetzes und der für Vormundschaftssachen allgemein geltenden Vorschriften zu prüfen, ob die Voraussetzungen der Zwangserziehung vorliegen. Insbesondere hat es von Amts wegen die zur Feststellung der Tatsachen erforderlichen Ermittelungen zu veranstalten und die geeignet erscheinenden Beweise aufzunehmen.

§ 10. Vor der Entscheidung über die Zwangserziehung hat das Vormundschaftsgericht die Eltern, den gesetzlichen Vertreter des Minderjährigen, dem die Sorge für die Person zusteht, und den Minderjährigen selbst, sofern er das 14. Lebensjahr vollendet hat, zu hören. Die Mutter ist auch dann zu hören, wenn sie die elterliche Gewalt nicht hat.

Das Vormundschaftsgericht soll auch sonstige Verwandte oder verschwägerte des Minderjährigen hören. Die Anhörung bestimmt sich nach § 1673 Abs. 2, §§ 1686, 1874 des B.GB. Ist der Mutter ein Beistand bestellt oder ist ein Gegenvormund vorhanden, so empfiehlt es sich auch diesen zu hören.

Die Anhörung darf unterbleiben, wenn sie eine erhebliche Verzögerung oder unverhältnißmäßige Kosten verursachen würde.

§ 11. Das Vormundschaftsgericht muß ferner dem Pfarramt und, sofern der Minderjährige noch eine Schule besucht, der Schulbehörde Gelegenheit geben, sich zu äußern. Bei Minderjährigen, welche einer privaten Religionsgesellschaft angehören, ist der zuständige Geistliche einzuvernehmen. Es ist zweckmäßig, die Schulbehörde auch dann einzuvernehmen, wenn der Minderjährige eine Schule erst kurze Zeit vorher verlassen hat.

Als Schulbehörden kommen die Lokal- und Stadtbezirks-Schulinspektionen, in der Pfalz die Ortsschulkommissionen in Betracht, und zwar gleichviel ob der Minderjährige die Volksschule oder eine dieselbe ersetzende Unterrichtsanstalt besucht; bei Minderjährigen, welche eine höhere Lehranstalt besuchen, ist der Vorsteher der Anstalt zu hören.

Die Schulbehörde hat vor Abgabe ihrer Äußerung stets den Klassenlehrer des Minderjährigen einzuvernehmen.

Je nach Umständen wird es geboten sein, auch den Amtsarzt zu hören.

§ 12. Nach Anhörung der in den §§ 10, 11 bezeichneten Personen und Behörden sind die Akten der Distriktsverwaltungsbehörde (§ 21) zur Äußerung mitzuteilen.

Die Distriktsverwaltungsbehörde hat der Heimatgemeinde und, wenn der Minderjährige in Bayern eine Heimat nicht besitzt, dem Kreisfiskalate Gelegenheit zu geben, sich über die Anordnung nnd die Art der Zwangserziehung zu äußern.

Steht die Heimat des Minderjährigen nicht fest, so darf durch die Erhebungen über die Heimat das Verfahren über die Anordnung der Zwangserziehung nicht verzögert werden. Das Vormundschaftsgericht hat daher in diesem Falle die Akten derjenigen Distriktsverwaltungsbehörde mitzuteilen, zu deren Bezirk der Ort gehört, durch welchen die Zuständigkeit des Vormundschaftsgerichts begründet ist.

§ 13. Das Vormundschaftsgericht hat über die Anordnung der Zwangserziehung einen mit Gründen versehenen Beschluß zu fassen.

Der Beschluß hat zu enthalten:

1. die Bezeichnung des Minderjährigen nach Namen, Religion, Beruf, Geburtsort, Geburtszeit und Wohnort;

2. die Bezeichnung der Eltern nach Namen, Beruf und Wohnort; wenn ein Elternteil gestorben ist, ist dies anzugeben;

3. die Bezeichnung des gesetzlichen Vertreters, dem die Sorge für die Person zusteht, nach Namen, Beruf und Wohnort;

4. die Feststellung des Eintritts der gesetzlichen Voraussetzungen unter Bezeichnung der für erwiesen erachteten Tatsachen; insbesondere ist zum Ausdruck zu bringen, auf welche der unter Ziff. 1 bis 3 des Art. 1 des Zwangserziehungsgesetzes aufgestellten Voraussetzungen die Entscheidung sich gründet.

Der Inhalt des Beschlusses ist so zu fassen, daß er ein klares Bild von den persönlichen Verhältnissen des Minderjährigen und von den Tatsachen, die zu seiner Unterbringung führten, gibt. Die genaue Kenntnis der Tatsachen und Erwägungen, auf die das Vormundschaftsgericht seine Entscheidung gestützt hat, ist auch für die von der Distriktsverwaltungsbehörde zur Ausführung zu ergreifenden Maßnahmen von Bedeutung.

§ 14. Der Beschluß, durch den die Zwangserziehung angeordnet wird, ist dem Vater, der ehelichen oder unehelichen Mutter und dem gesetzlichen Vertreter des Minderjährigen, dem die Sorge für die Person zusteht, ferner dem Minderjährigen selbst, wenn er das 14. Lebensjahr vollendet hat, der Distriktsverwaltungsbehörde und der Heimatgemeinde zuzustellen.

§ 15. Ist der die Zwangserziehung anordnende Beschluß rechtskräftig geworden, so hat das Vormundschaftsgericht der Distriktsverwaltungsbehörde von dem Eintritte der Vollstreckbarkeit Mitteilung zu machen.

§ 16. Das Vormundschaftsgericht hat auch den die Zwangserziehung ablehnenden Beschluß der Distriktsverwaltungsbehörde zuzustellen, wenn es dieser gemäß § 12 die Akten zur Äußerung mitgeteilt hat.

§ 17. Das Vormundschaftsgericht hat der Distriktsverwaltungsbehörde auch von der auf Beschwerde eines Beteiligten ergangenen Entscheidung des Landgerichts oder des Obersten Landesgerichts Mitteilung zu machen, sofern nicht das Beschwerdegericht seinen Beschluß der Distriktsverwaltungsbehörde bereits zugestellt hat.

§ 18. Der Distriktsverwaltungsbehörde ist der die Zwangserziehung anordnende Beschluß des Vormundschaftsgerichts und, wenn die Zwangserziehung vom Beschwerdegericht angeordnet wird, der Beschluß des Beschwerdegerichts mit Rücksicht auf die Vorschrift des § 37 Abs. 3 in zwei Ausfertigungen oder Abschriften zuzustellen.

§ 19. Durch die vorstehenden Vorschriften werden die Bestimmungen nicht berührt, nach denen die auf Grund des Zwangserziehungsgesetzes ergehenden gerichtlichen Beschlüsse auch noch anderen Personen zuzustellen sind.

III. Vorläufige Unterbringung.

§ 20. Das Vormundschaftsgericht kann, wenn mit dem Aufschube Gefahr verbunden ist, auch vor Abschluß des Verfahrens die vorläufige Unterbringung des Minderjährigen anordnen (Art. 4 Abs. 2 des Zwangserziehungsgesetzes). Die vorläufige Unterbringung kann sich insbesondere dann empfehlen, wenn gegen den die Zwangserziehung anordnenden Beschluß von den Eltern oder dem Minderjährigen oder dessen gesetzlichem Vertreter Beschwerde eingelegt ist.

Der die Anordnung enthaltende Beschluß ist mit Gründen zu versehen und muß die gleichen Angaben, wie die die Zwangserziehung anordnende Verfügung (§ 13), sowie die Feststellung enthalten, daß mit dem Aufschube Gefahr verbunden ist. Die Vorschriften der §§ 14, 17—19 finden Anwendung.

IV. Durchführung der Zwangserziehung.

a) Im Allgemeinen.

§ 21. Die Durchführung der Zwangserziehung obliegt der Distriktsverwaltungsbehörde. Sie bestimmt darüber, ob der Minderjährige in einer Familie oder in einer Erziehungs- oder Besserungsanstalt untergebracht werden soll; sie führt über den Minderjährigen die Aufsicht bis zur Beendigung der Zwangserziehung.

Die örtliche Zuständigkeit der Distriktsverwaltungsbehörde bestimmt sich nach der Heimat des Minderjährigen oder, wenn dieser in Bayern eine Heimat nicht besitzt, nach demjenigen Orte, an welchem die Zuständigkeit des Vormundschaftsgerichts begründet ist (Art. 12 Abs. 2 des Zwangserziehungsgesetzes). Nach letzterer Norm ist vorläufig auch dann zu verfahren, wenn die Heimat des Minderjährigen nicht feststeht.

In München sind die auf die Zwangserziehung bezüglichen Geschäfte von den Polizeiämtern wahrzunehmen.

§ 22. Um der ihnen obliegenden Aufgabe gerecht werden zu können, haben sich die Distriktsverwaltungsbehörden der Mitarbeit aller derjenigen, welche für den Schutz der verlassenen, gefährdeten und verwahrlosten Jugend Sinn und

Verständnis haben, insbesondere der Geistlichen, Ärzte und Lehrer, der Mitglieder von Vereinen für Jugendschutz und Kinderziehung, zu versichern.

§ 23. Im Benehmen mit den vorbezeichneten Personen haben die Distriktsverwaltungsbehörden tunlichst schon dann, wenn sie von den Vormundschaftsgerichten um Äußerung über die Anordnung der Zwangserziehung angegangen werden (§ 12), — vorausgesetzt daß nach Lage der Verhältnisse die Anordnung der Zwangserziehung zu erwarten ist —, die geeigneten Einleitungen zu treffen, damit gegebenen Falls der Vollzug der gerichtlichen Anordnung unverzüglich erfolgen kann.

§ 24. Die Distriktsverwaltsbehörde hat vor Allem darauf zu sehen, daß der Minderjährige, der Verwahrlosung entnommen, liebevoll, nach religiös-sittlichen Grundsätzen erzogen und zu tüchtiger Berufsarbeit ausgebildet wird.

§ 25. Bei der Auswahl der Familie oder Anstalt muß auf das Glaubensbekenntnis des Minderjährigen Rücksicht genommen werden (Art. 5 Abs. 2 des Zwangserziehungsgesetzes).

Wo besondere Verhältnisse es ausnahmsweise untunlich erscheinen lassen, den Minderjährigen in einer Familie oder Anstalt seines Bekenntnisses unterzubringen, muß wenigstens die Teilnahme an dem Religionsunterrichte und an dem Gottesdienste seines Bekenntnisses sicher gestellt werden.

§ 26. Um die seitherigen verderblichen Einflüsse auf den Minderjährigen möglichst auszuschließen, wird es sich in der Regel empfehlen, denselben entfernt von dem Heimatorte und dem seitherigen Aufenthaltsort unterzubringen.

§ 27. Ist der Minderjährige mit einer Krankheit behaftet, so ist für seine Heilung in geeigneter Weise Sorge zu tragen; die Unterbringung darf erst erfolgen, wenn nach ärztlichem Zeugnisse kein Bedenken dagegen obwaltet.

§ 28. Die Entscheidung über die Art der Unterbringung ist nach sorgfältigster Erwägung aller in Betracht kommenden Verhältnisse zu treffen.

Die Unterbringung hat zunächst in Familien zu geschehen und nur, wo dies durchaus untunlich ist, in Anstalten.

§ 29. Der Beschluß der Distriktsverwaltungsbehörde ist der Heimatgemeinde zuzustellen. Gegen denselben findet Beschwerde im Verwaltungsverfahren statt.

§ 30. Die Verbringung der Minderjährigen in die Familien oder Anstalten haben die Distriktsverwaltungsbehörden durch geeignete Personen, je nach Umständen durch Frauen ausführen zu lassen.

Im Falle der Flucht hat die Zurückführung nötigen Falls mittels polizeilichen Zwanges zu geschehen.

b) Unterbringung in Familien.

§ 31. Bei Auswahl der Familien ist darauf zu sehen, daß dieselben durch Unbescholtenheit für eine religiös-sittliche Erziehung Gewähr bieten, ein einen eigenen Haushalt sicherndes Einkommen, eine geordnete Haushaltung und eine gesunde, geräumige Wohnung haben.

Familien in weniger dicht bewohnten Orten, sowie Familien, welche die Minderjährigen mit Land- und Gartenwirtschaft beschäftigen, sind besonders zu bevorzugen.

§ 32. Die mittelbaren Gemeindebehörden haben zur Ausfindigmachung geeigneter Familien mitzuwirken. Erklärt sich eine Familie bereit, Minderjährige zur Zwangserziehung aufzunehmen, so hat die Gemeindebehörde über die Verhältnisse der Familie mit Benützung des in der Anlage 1 enthaltenen Fragebogens dem Bezirksamte zu berichten. Der Bericht ist vor der Vorlage dem Pfarramt, der Ortsschulbehörde und dem Gemeindewaisenrat zur etwaigen Erinnerung mitzuteilen.

In entsprechender Weise haben sich die unmittelbaren Stadtmagistrate, in München die Polizeiämter durch ihre Organe Aufschluß zu verschaffen.

§ 33. Soweit veranlaßt, haben sich die Distriktsverwaltungsbehörden über die in ihren Bezirken ansässigen, zur Unterbringung von Minderjährigen geeigneten Familien gegenseitig Mitteilung zu machen.

§ 34. Mit dem Familienhaupte ist im einzelnen Falle ein schriftlicher Vertrag abzuschließen, worin sich dasselbe gegen eine festzusetzende Pauschvergütung verpflichtet, den Minderjährigen für die Dauer der Unterbringung in die Familie aufzunehmen, ihn in regiliös-sittlichen Geiste zu erziehen, zum regelmäßigen Besuche des Gottesdienstes und zur gehörigen Erfüllung der Schulpflicht, sowie zur Ordnung, Reinlichkeit und Arbeitsamkeit anzuhalten, ihm eine angemessene Unterkunft mit besonderem Bett, gesunde, ausreichende Kost, eine den Verhältnissen angemessene reinliche Kleidung, in Krankheitsfällen Pflege und ärztliche Hilfe zu gewähren, ihn zu den für sein Alter und Geschlecht passenden häuslichen und ländlichen Arbeiten anzuleiten und zu verwenden, soweit dies ohne Beeinträchtigung der Gesundheit und des Schulunterrichtes geschehen kann.

Für die Verwendung des Minderjährigen zu gewerblichen Zwecken ist besondere Genehmigung der Distriktsverwaltungsbehörde vorzubehalten.

§ 35. Jede Unterbringung in einer Familie ist außer dem Vormundschaftsgericht und dem Gemeindewaisenrat (Art. 7 des Zwangserziehungsgesetzes) auch dem zuständigen Geistlichen (§ 11 Abs. 1) und bei schulpflichtigen Kindern der Schulbehörde mitzuteilen.

c) Unterbringung in Anstalten.

§ 36. Für die Anstaltserziehung sind diejenigen Anstalten zu benützen, welche vom K. Staatsministerium des Innern im Benehmen mit den K. Staatsministerien der Justiz und des Innern für Kirchen- und Schulangelegenheiten als hierzu geeignet erklärt sind.

Bis auf weiteres können Minderjährige in denjenigen Anstalten, welche in der Anlage 2 aufgeführt sind, unter den dort angegebenen Bedingungen untergebracht werden.

Beantragt eine in das Verzeichnis nicht aufgenommene Anstalt die Ueberweisung von Minderjährigen zur Zwangserziehung, so hat die zuständige K. Regierung, Kammer des Innern, den Antrag mit Benützung des in der Anlage 3 enthaltenen Fragebogens zu instruieren und dem K. Staatsministerium des Innern mit Gutachten vorzulegen.

Wo sich beim Gesetzesvollzuge ein Mangel an Erziehungs- und Besserungsanstalten bemerkbar macht, ist auf die Gründung gemeindlicher Anstalten, namentlich in den größeren Städten, beziehungsweise distriktiver oder Kreisanstalten hinzuwirken.

§ 37. Mit dem Anstaltsvorstand ist im einzelnen Falle ein schriftlicher Vertrag abzuschließen, welcher die beiderseitigen Rechte und Pflichten bestimmt.

Der Vorstand ist insbesondere zu verpflichten, über die Führung und die Fortschritte des Minderjährigen, sowie über dessen Gesundheitszustand mindestens einmal jährlich der Distriktsverwaltungsbehörde zu berichten.

Dem Vorstand ist eine Abschrift des die Zwangserziehung anordnenden Beschlusses zuzustellen.

d) Unterbringung in Dienst- oder Lehrstellen.

§ 38. Bei Ablauf des schulpflichtigen Alters ist rechtzeitig für eine den Fähigkeiten und Verhältnissen des Minderjährigen, tunlichst auch seinen Neigungen entsprechende Dienst-

oder Lehrstelle zu sorgen. Auf die Unterbringung finden die §§ 31 bis 35 entsprechende Anwendung.

Beim Abschluß von Lehrverträgen ist die tüchtige Ausbildung im Handwerk innerhalb einer bestimmten Zeit sicherzustellen. Im Übrigen sind die §§ 126—132a der Gewerbeordnung (Reichsgesetzblatt 1900 S. 950) zu beachten.

e) Überwachung der Zwangserziehung.

§ 39. Der Gemeindewaisenrat hat die Erziehung und Behandlung der in Familien untergebrachten Minderjährigen, sowie die Führung derselben zu überwachen. Zu diesem Zwecke sind ihm Abschriften der über die Unterbringung der Minderjährigen abgeschlossenen Verträge auszuhändigen.

Die noch nicht schulentlassenen Minderjährigen hat der Gemeindewaisenrat von Zeit zu Zeit persönlich in der Familie aufzusuchen, sich von der Art der Unterkunft, Pflege, Erziehung und Beschäftigung, sowie im Benehmen mit dem Ortsgeistlichen und der Schulbehörde von der Regelmäßigkeit des Kirchen- und Schulbesuchs zu überzeugen, auch sich zu vergewissern, ob die vertragsmäßigen Bestimmungen erfüllt werden, und für Abstellung etwaiger Mängel zu sorgen.

Bei den in Dienst oder Lehre stehenden Minderjährigen hat der Gemeindewaisenrat insbesondere darauf zu sehen, daß der Lehr- oder Dienstvertrag gehalten wird, und sich von Zeit zu Zeit von der Führung, den Fortschritten und den Leistungen des Minderjährigen an Ort und Stelle zu überzeugen.

Der Gemeindeweisenrat wird sich namentlich hinsichtlich der Mädchen und der im Kindesalter stehenden Knaben mit Nutzen der Mitwirkung der Waisenpflegerinnen bedienen.

§ 40. Steht die Sorge für die Person des Minderjährigen einem Pfleger oder Vormund zu, so wird dessen Pflicht, für die Erziehung und körperliche Pflege des Minderjährigen zu sorgen, nicht durch die dem Gemeindewaisenrate nach § 39 obliegende Überwachungspflicht beseitigt. Es hat vielmehr auch der Pfleger oder Vormund an der Überwachung des Minderjährigen teilzunehmen und wahrgenommene Gebrechen dem Gemeindewaisenrat oder der Distriktsverwaltungsbehörde anzuzeigen.

Den Vormundschaftsgerichten wird anempfohlen, als Vormund und, sofern für den Minderjährigen ein Pfleger aufgestellt werden muß, als Pfleger eine Person aufzustellen, die in derselben Gemeinde wohnt, wie die Familie, bei welcher der Minderjährige untergebracht ist.

§ 41. Der Gemeindewaisenrat hat der Distriktsverwaltungsbehörde auf Erfordern Auskunft zu erteilen und auch unaufgefordert etwaige Mängel anzuzeigen.

Die Distriktsverwaltungsbehörde hat von dem Gemeindewaisenrat alljährlich mindestens einmal einen kurzen Bericht einzufordern.

§ 42. Erhält das Vormundschaftsgericht Kenntnis von Mängeln in der Erziehung oder der körperlichen Pflege eines in Zwangserziehung genommenen Minderjährigen, so hat es hiervon der Distriktsverwaltungsbehörde Mitteilung zu machen.

Während der Dauer der Zwangserziehung entfällt die in § 26 der Vormundschaftsordnung (Just.-Min.-Bl. 1900 S. 181) dem Vormundschaftsgericht auferlegte Verpflichtung, sich von Zeit zu Zeit über das persönliche Ergehen und das Verhalten des Mündels oder Pfleglings zu erkundigen.

f) Vollzug der vorläufigen Unterbringung.

§ 43. Auf den Vollzug der vorläufigen Unterbringung finden die Bestimmungen des gegenwärtigen Abschnittes (§§ 21 ff.) entsprechende Anwendung.

V. Beendigung der Zwangserziehung.

§ 44. Die Zwangserziehung endigt mit der Minderjährigkeit.

§ 45. Die Zwangserziehung ist aufzuheben, wenn die Voraussetzungen der Anordnungen weggefallen sind. Dies ist der Fall, wenn der Zweck der Zwangserziehung erreicht oder die Erreichung des Zwecks in anderer Weise sichergestellt ist. Die Aufhebung kann unter dem Vorbehalte des Widerrufs erfolgen; hiervon wird insbesondere dann Gebrauch zu machen sein, wenn es zweifelhaft ist, ob die die Aufhebung rechtfertigenden Verhältnisse von Dauer sind.

Die Aufhebung erfolgt durch Beschluß des Vormundschaftsgerichts von Amts wegen oder auf Antrag. Vor der Entscheidung muß der Distriktsverwaltungsbehörde Gelegenheit zur Äußerung gegeben werden; die Distriktsverwaltungsbehörde hat den Gemeindewaisenrat und, wenn der Minderjährige in einer Anstalt untergebracht ist, den Vorstand der Anstalt zu hören. Die Bestimmungen des § 11 finden entsprechende Anwendung.

Der die Zwangserziehung aufhebende Beschluß ist vom Vormundschaftsgerichte der Distriktsverwaltungsbehörde, den Eltern des Minderjährigen, dem gesetzlichen Vertreter des

Minderjährigen, welchem die Sorge für die Person zusteht, und sofern der Minderjährige das 14. Lebensjahr vollendet hat, auch dem Minderjährigen selbst zuzustellen. Von dem Eintritte der Rechtskraft ist der Distriktsverwaltungsbehörde Mitteilung zu machen.

Im Falle der Aufhebung unter Vorbehalt des Widerrufs hat sich das Vormundschaftsgericht nach Ablauf einer angemessenen Zeit davon zu überzeugen, ob nicht von dem Widerrufe Gebrauch zu machen ist. Die Erhebungen sind regelmäßig durch den Gemeindewaisenrat pflegen zu lassen; die Mitwirkung polizeilicher Organe darf hierzu nicht in Anspruch genommen werden.

§ 46. Die Distriktsverwaltungsbehörde kann die vorläufige Entlassung des Minderjährigen aus der Zwangserziehung verfügen. Hiervon kann insbesondere auch zu dem Zwecke Gebrauch gemacht werden, um den Minderjährigen seiner eigenen Familie zu überweisen, wenn der Minderjährige durch Erziehung in einer fremden Familie oder in einer Anstalt sittlich gebessert ist und die Verhältnisse in der eigenen Familie die Gefahr der Verwahrlosung nicht mehr besorgen lassen. Die vorherige Anhörung des Vormundschaftsgerichts ist nicht erforderlich; dem Vormundschaftsgericht ist aber von der Entlassung Kenntnis zu geben.

Die Distriktsverwaltungsbehörde hat auch nach der Entlassung für geeignete Überwachung des Minderjährigen Sorge zu tragen. Die Überwachung ist regelmäßig dem Gemeindewaisenrate aufzutragen; sie darf nicht durch polizeiliche Organe ausgeübt werden.

Ergibt sich, daß die Voraussetzungen, unter denen die Entlassung erfolgt ist, nicht mehr zutreffen, oder entzieht sich der Minderjährige der angeordneten Überwachung, so hat die Distriktsverwaltungsbehörde die Entlassung zu widerrufen und die Unterbringung des Minderjährigen in einer Familie oder Anstalt anzuordnen. Von dem Widerrufe der Entlassung und von der Unterbringung ist dem Vormundschaftsgerichte seitens der Distriktsverwaltungsbehörde Mitteilung zu machen.

§ 47. Vor Beendigung oder Aufhebung der Zwangserziehung soll die Distriktsverwaltungsbehörde tunlichst für ein gesichertes Unterkommen des Minderjährigen, entsprechend seinen persönlichen Verhältnissen und seiner Beschäftigungsweise, Sorge tragen.

§ 48. Über das 18. Lebensjahr hinaus soll die Zwangserziehung nur in besonderen Fällen fortgesetzt werden (Art. 6 Abs. 4 des Zwangserziehungsgesetzes).

Die Fortsetzung ist zulässig, wenn aus besonderen Gründen anzunehmen ist, daß hierdurch die Besserung des Minderjährigen erzielt wird.

Die Fortsetzung wird von der Distriktsverwaltungsbehörde nach Anhörung des Vormundschaftsgerichts verfügt. Von der Fortsetzung ist dem Vormundschaftsgerichte Mitteilung zu machen.

Erachtet die Distriktsverwaltungsbehörde die Fortsetzung nicht für geboten, so entläßt sie den Minderjährigen vorläufig aus der Zwangserziehung oder sie beantragt die Aufhebung der Zwangserziehung beim Vormundschaftsgerichte.

§ 49. Das Vormundschaftsgericht hat durch Eintrag in den Terminskalender (§ 65 der Vormundschaftsordnung, Just.-Min.-Bl. 1900 S. 181) dafür zu sorgen, daß die Prüfung der Frage, ob die Zwangserziehung nach der Vollendung des 18. Lebensjahres noch fortgesetzt werden soll, sowie die Beendigung der Zwangserziehung durch Erreichung der Volljährigkeit nicht übersehen werden.

VI. Kosten der Zwangserziehung.

§ 50. Kosten der Zwangserziehung sind die von der Distriktsverwaltungsbehörde im Vollzug der gerichtlichen Anordnung unmittelbar veranlaßten Kosten der Unterbringung in einer Familie oder Anstalt, einschließlich der Kosten der Hin- und Rückreise, einer den Anstaltsordnungen entsprechenden Ausstattung, sowie der Vermittlung eines geeigneten Unterkommens nach Beendigung oder Aufhebung der Zwangserziehung (§ 47), wogegen die Kosten dieses Unterkommens selber nicht mehr zu den Kosten der Zwangserziehung gehören.

§ 51. Die Kosten der Zwangserziehung eines in Bayern beheimateten Minderjährigen hat vorläufig die Heimatgemeinde zu bestreiten. Soweit die Kosten nicht durch Ersatzleistung des Minderjährigen oder eines Unterhaltungspflichtigen (§ 58) gedeckt werden, kann die Heimatgemeinde den Ersatz von zwei Fünfteln seitens des Staates beanspruchen; mittelbare Gemeinden können überdies den Ersatz eines Fünftels seitens der Distriktsgemeinde beanspruchen (Art. 8 Abs. 1—3 des Zwangserziehungsgesetzes).

In den Gemeinderechnungen sind die Kosten der Zwangserziehung bei den Ausgaben „für Erziehung und Bildung" unter gesonderter Ziffer zu verrechnen; in entsprechender Weise sind die einschlägigen Einnahmen (Rückersätze der Minderjährigen, der Unterhaltspflichtigen, des Staates, der Distriktsgemeinden) bei der Einnahme-Position „Erziehung und Bildung" zu verrechnen.

§ 52. Die Geltendmachung der gegen die Staatskasse und die Distriktsgemeinde begründeten Ersatzansprüche geschieht ganz-, halb- oder vierteljährig mittels eines Kostenverzeichnisses, welches sämtliche während des betreffenden Zeitraumes angefallenen Ausgaben für Zwangserziehung nebst den etwaigen Rückersätzen der Beteiligten zu enthalten hat und samt den zugehörigen Rechnungsbelegen seitens des Stadtmagistrats München bei dem zuständigen Polizeiamte, seitens der übrigen unmittelbaren Stadtmagistrate unter Beifügung der einschlägigen Akten bei der vorgesetzten K. Regierung, Kammer des Innern, seitens der mittelbaren Gemeindebehörden bei dem vorgesetzten Bezirksamt in Einlauf zu bringen ist.

§ 53. Die Kosten einer vorläufigen Unterbringung sind, wenn die Zwangserziehung demnächst angeordnet wird, als Kosten der Zwangserziehung anzusehen. Andernfalls sind dieselben von der Staatskasse zu tragen und, soweit sie von dem Minderjährigen oder einem Unterhaltspflichtigen, von der Heimatgemeinde oder der Distriktsgemeinde bestritten worden sind, zu ersetzen (Art. 8 Abs. 4 des Zwangserziehungsgesetzes); in diesem Falle findet auf die Geltendmachung der Ersatzansprüche § 52 Anwendung mit der Maßgabe, daß diese Ersatzansprüche gesondert zu behandeln sind.

§ 54. Die in § 52 bezeichneten Staatsverwaltungsbehörden prüfen die Kostenverzeichnisse an der Hand der Belege und auf Grund der Akten und setzen jeweils am 20. Januar, 20. April, 20. Juli und 20. Oktober die seitens der Staatskasse und der Distriktsgemeinden zu erstattenden Beträge vorbehaltlich der seinerzeit auf Grund der Gemeinderechnungen vorzunehmenden Nachprüfung (§ 56) fest. Die Festsetzungsbescheide müssen den auf jeden Minderjährigen treffenden Betrag ersehen lassen.

Die Prüfung bei den K. Regieruugen, Kammern des Innern, hat sich auch auf die Zulässigkeit der von den unmittelbaren Stadtmagistraten getroffenen Anordnungen, insbesondere auf die Beobachtung des § 36 Abs. 1 zu erstrecken.

Ausfertigung der Festsetzungsbescheide ist den zuständigen Rentämtern und Distriktskassen, sowie unter Rückgabe der Rechnungsbelege den beteiligten Gemeindebehörden zuzustellen. Die seitens der K. Polizeiämter in München ergehenden Festsetzungsbescheide sind in Abschrift samt den Urschriften der Kostenverzeichnisse der K. Regierung von Oberbayern, Kammer des Innern, vorzulegen.

§ 55. Die Rentämter sind ermächtigt, auf Grund der ihnen gemäß § 54 Abs. 3 zugehenden Bescheide die zu Lasten der Staatskasse festgesetzten Beträge ohne weitere Zahlungsanweisung nach Anfall auszubezahlen und auf Staatsfonds zu verrechnen.

Die Etatsposition, auf welche die betreffenden Ausgaben zu verrechnen sind, wird durch das Rechnungsschema für die XXVI. Finanzperiode bekannt gegeben werden.

§ 56. Sämtliche Kostenverzeichnisse eines Kalenderjahres sind gelegentlich der Revision der Gemeinderechnungen bei den K. Regierungen, Kammern des Innern, beziehungsweise bei den Bezirksämtern einer Nachprüfung in der Richtung zu unterstellen, ob die verrechneten Ausgaben auch in den Gemeinderechnungen gehörig vorgetragen und ob alle in letzteren verrechneten Rückersätze auch in den Kostenverzeichnissen entsprechend in Abzug gebracht worden sind.

Das Ergebnis der Nachprüfung ist aktenkundig zu machen.

§ 57. Die Kosten für Zwangserziehung derjenigen Minderjährigen, welche in Bayern keine Heimat besitzen, sind nach Analogie der Ziff. 8 der Ministerialentschließung vom 28. Dezember 1899, den Vollzug des Gesetzes über Heimat, Verehelichung und Aufenthalt betr. (Min.-Amtsbl. S. 803), zu behandeln, jedoch in den bezüglichen Nachweisungen ausgeschieden vorzutragen. Die Behandlung obliegt der zur Durchführung der Zwangserziehung berufenen Distriktsverwaltungsbehörde; eine Mitwirkung des Armenpflegschaftsrates findet nicht statt.

§ 58. Die Einrichtung der Zwangserziehung als einer Erziehung auf öffentliche Kosten darf nicht dazu führen, daß denjenigen, welche zunächst für die Erziehung der Jugend verantwortlich sind, das Gefühl der Verantwortlichkeit gemindert oder sogar ein Antrieb gegeben wird, der Verwilderung der Jugend freien Lauf zu lassen, um sodann die Erziehung der Kinder auf Kosten der Gesamtheit herbeizuführen.

Die Geltendmachung der in Art. 8 Abs. 2 des Zwangserziehungsgesetzes begründeten Ersatzverbindlichkeiten erscheint besonders geeignet, den Beteiligten das Gefühl der Verantwortlichkeit zu erhalten. Die Distriktsverwaltungsbehörde hat deshalb in jedem Falle festzustellen:

1. ob der Minderjährige selbst ein Vermögen besitzt oder zu erhoffen hat, welches ihm unbeschadet der Sicherstellung des Lebensunterhalts die Ersatzleistung ermöglicht;

2. ob andere unterhaltspflichtige Personen (§§ 1601 ff., insbesondere § 1603 des B.GB.) vorhanden sind.

Je nach Umständen ist in angemessenen Zeiträumen wiederholt Erhebung zu pflegen.

Die Rückforderung der Kosten von den Unterhaltspflichtigen ist mit aller Strenge zu betreiben; wo nicht vollständiger Ersatz möglich ist, ist wenigstens teilweiser Ersatz zu betreiben.

Gegenüber den Eltern und Großeltern, sowie gegen den unehelichen Vater, der seine Vaterschaft nach § 1718 des B.GB. anerkannt hat oder dessen Unterhaltspflicht in einem vollstreckbaren Titel festgestellt ist, kann zu dem fraglichen Zwecke auch im Wege des Art. 10 des Zwangserziehungsgesetzes vorgegangen werden. Im Übrigen gehören Streitigkeiten über die Ersatzpflicht des Minderjährigen und seiner unterhaltspflichtigen Verwandten zur Zuständigkeit der bürgerlichen Gerichte.

Soweit den Einnahmen einer Gemeinde aus Rückersätzen in einem Kalenderjahre nicht Ausgaben für Zwecke der Zwangserziehung in gleicher Höhe gegenüberstehen, sind hierüber Einnahmeverzeichnisse zu fertigen; auf die Vorlage, Prüfung und Festsetzung dieser Verzeichnisse finden die §§ 52 ff. entsprechende Anwendung.

VII. Schlußbestimmungen.

§ 59. Nach Art. 12 Abs. 3 des Zwangserziehungsgesetzes kommen für die Verhandlungen in Angelegenheiten der Zwangserziehung Gebühren und Porti nicht in Ansatz.

Als portofrei ist hiernach der Schriftwechsel der Behörden, einschließlich der Versendung der Akten, zu behandeln. Insoweit gemäß § 11 der Allerhöchsten Verordnung vom 23. Juni 1829, die Postportofreiheit in Amtssachen betreffend (Reg.-Bl. S 521), auch eine portofreie Versendung von Geldern stattfindet, behält es hierbei sein Bewenden.

Bei allen portofreien Sendungen sind die in der vorstehend angeführten Verordnung vorgeschriebenen Förmlichkeiten zu beachten.

Hinsichtlich der Portobehandlung des Verkehrs mit den Gemeidewaisenräten ist die Bekanntmachung vom 31. März 1902 (Just.-Min.-Bl. S. 524) maßgebend.

§ 60. Hinsichtlich der Unterbringung jugendlicher Personen auf Grund des § 56 des StGB. ist im allgemeinen die Ministerialentschließung vom 31. Dezember 1871 (Just.-M.-Bl. 1872 S. 16) maßgebend. Nach den inzwischen erfolgten Änderungen der Ziff. IV dieser Entschließung sind zur Unterbringung nunmehr folgende Anstalten bestimmt:

1. Für Knaben aller Konfessionen: K. Staatserziehungsanstalt Speyer.

Ausgenommen sind katholische Knaben aus Oberbayern, Niederbayern, Oberpfalz und Schwaben; für diese ist die St. Nikolauspflege in Andechs, Bezirksamts Starnberg bestimmt.

2. Für Mädchen

a) aus dem rechtsrheinischen Bayern, und zwar

für katholische: Rettungshaus Ettmannsdorf, Bezirksamts Burglengenfeld;

für protestantische: Diakonissenanstalt Neuendettelsau, Bezirksamts Ansbach;

b) aus der Pfalz, und zwar

für katholische: Armenkinderhaus Frankenthal; sittlich unverdorbene Mädchen können auch in das Waisenhaus Landstuhl, Bezirksamts Homburg, verbracht werden;

für protestantische: Rettungshaus Hasloch, Bezirksamts Neustadt a. H.

Ziff. VIII der angeführten Entschließung ist durch Entschließung vom 27. Januar 1898 dahin abgeändert, daß die bezüglichen Anzeigen jeweils nach Schluß eines Jahres zu erstatten sind, und hierbei neben dem Bevölkerungsstand am Jahresschluß auch der durchschnittliche Bevölkerungsstand im abgelaufenen Jahre anzugeben ist. Zu Ziff. X ist die Ministerialentschließung vom 25. Mai 1893, Ministerialamtsblatt S. 135, zu vergleichen.

Hinsichtlich der Unterbringung von Minderjährigen auf Grund des § 362 Abs. 3 Satz 2 des Strafgesetzbuchs ist die Ministerialbekanntmachung vom 5. April 1901, Ministerialamtsblatt S. 169, maßgebend.

§ 61. Die Distriktsverwaltungsbehörden haben Sorge zu tragen, daß die Bestimmungen des Zwangserziehungsgesetzes den weitesten Kreisen der Bevölkerung, insbesondere den Geistlichen, Ärzten, Lehrern und sonstigen Leitern der Jugend, den Vereinen für Jugendschutz und Kinderziehung bekannt gemacht werden.

6.

Kinderschutzgesetz.

a) Reichsgesetz betr. Kinderarbeit in gewerblichen Betrieben vom 30. März 1903.

(Reichsgesetzblatt 1903 S. 113.)

Wir Wilhelm, von Gottes Gnaden Deutscher Kaiser, König von Preußen 2c., verordnen im Namen des Reichs, nach erfolgter Zustimmung des Bundesrats und des Reichstags, was folgt:

I. Einleitende Bestimmungen.

§ 1. Auf die Beschäftigung von Kindern in Betrieben, welche als gewerbliche im Sinne der Gewerbeordnung anzusehen sind, finden neben den bestehenden reichsrechtlichen Vorschriften die folgenden Bestimmungen Anwendung, und zwar auf die Beschäftigung fremder Kinder die §§ 4 bis 11, auf die Beschäftigung eigener Kinder die §§ 12 bis 16.

§ 2. Kinder im Sinne dieses Gesetzes. Als Kinder im Sinne des Gesetzes gelten Knaben und Mädchen unter dreizehn Jahren sowie solche Knaben und Mädchen über dreizehn Jahre, welche noch zum Besuche der Volksschule verpflichtet sind.

§ 3. Eigene, fremde Kinder. Im Sinne dieses Gesetzes gelten als eigene Kinder:

1. Kinder, die mit demjenigen, welcher sie beschäftigt, oder mit dessen Ehegatten bis zum dritten Gliede verwandt sind,
2. Kinder, die von demjenigen, welcher sie beschäftigt, oder dessen Ehegatten an Kindes Statt angenommen oder bevormundet sind,
3. Kinder, die demjenigen, welcher sie zugleich mit Kindern der unter 1 oder 2 bezeichneten Art beschäftigt, zur gesetzlichen Zwangserziehung (Fürsorgeerziehung) überwiesen sind,

sofern die Kinder zu dem Hausstande desjenigen gehören, welcher sie beschäftigt.

Kinder, welche hiernach nicht als eigene Kinder anzusehen sind, gelten als fremde Kinder.

Die Vorschriften über die Beschäftigung eigener Kinder gelten auch für die Beschäftigung von Kindern, welche in der Wohnung oder Werkstätte einer Person, zu der sie in einem der im Abs. 1 bezeichneten Verhältnisse stehen und zu deren Hausstande sie gehören, für Dritte beschäftigt werden.

II. Beschäftigung fremder Kinder.

§ 4. Verbotene Beschäftigungsarten. Bei Bauten aller Art, im Betriebe derjenigen Ziegeleien und über Tage betriebenen Brüche und Gruben, auf welche die Bestimmungen der §§ 134 bis 139b der Gewerbeordnung keine Anwendung finden, und der in dem anliegenden Verzeichnis aufgeführten Werkstätten, sowie beim Steinklopfen, im Schornsteinfegergewerbe, in dem mit dem Speditionsgeschäft verbundenen Fuhrwerksbetriebe, beim Mischen und Mahlen von Farben, beim Arbeiten in Kellereien dürfen Kinder nicht beschäftigt werden.

Der Bundesrat ist ermächtigt, weitere ungeeignete Beschäftigungen zu untersagen und das Verzeichnis abzuändern. Die beschlossenen Abänderungen sind durch das Reichs-Gesetzblatt zu veröffentlichen und dem Reichstage sofort oder, wenn derselbe nicht versammelt ist, bei seinem nächsten Zusammentritte zur Kenntnisnahme vorzulegen.

§ 5. **Beschäftigung im Betriebe von Werkstätten, im Handelsgewerbe und in Verkehrsgewerben.**

Im Betriebe von Werkstätten (§ 18), in denen die Beschäftigung von Kindern nicht nach § 4 verboten ist, im Handelsgewerbe (§ 105b Abs. 2, 3 der Gewerbeordnung) und in Verkehrsgewerben (§ 105i Abs. 1 a. a. O.) dürfen Kinder unter zwölf Jahren nicht beschäftigt werden.

Die Beschäftigung von Kindern über zwölf Jahre darf nicht in der Zeit zwischen 8 Uhr abends und 8 Uhr morgens und nicht vor dem Vormittagsunterrichte stattfinden. Sie darf nicht länger als drei Stunden und während der von der zuständigen Behörde bestimmten Schulferien nicht länger als vier Stunden täglich dauern. Um Mittag ist den Kindern eine mindestens zweistündige Pause zu gewähren. Am Nachmittag darf die Beschäftigung erst eine Stunde nach beendetem Unterricht beginnen.

§ 6. **Beschäftigung bei öffentlichen theatralischen Vorstellungen und anderen öffentlichen Schaustellungen.**

Bei öffentlichen theatralischen Vorstellungen und anderen öffentlichen Schaustellungen dürfen Kinder nicht beschäftigt werden.

Bei solchen Vorstellungen und Schaustellungen, bei denen ein höheres Interesse der Kunst oder Wissenschaft obwaltet, kann die untere Verwaltungsbehörde nach Anhörung der Schulaufsichtsbehörde Ausnahmen zulassen.

§ 7. **Beschäftigung im Betriebe von Gast- und von Schankwirtschaften.**

Im Betriebe von Gast- und von Schankwirtschaften dürfen Kinder unter zwölf Jahren überhaupt nicht und Mädchen (§ 2) nicht bei der Bedienung der Gäste beschäftigt werden. Im übrigen finden auf die Beschäftigung von Kindern über zwölf Jahre die Bestimmungen des § 5 Abs. 2 Anwendung.

§ 8. **Beschäftigung beim Austragen von Waren und bei sonstigen Botengängen.**

Auf die Beschäftigung von Kindern beim Austragen von Waren und bei sonstigen Botengängen in den in §§ 4 bis 7 bezeichneten und in anderen gewerblichen Betrieben finden die Bestimmungen des § 5 entsprechende Anwendung.

Für die ersten zwei Jahre nach dem Inkrafttreten dieses Gesetzes kann die untere Verwaltungsbehörde nach Anhörung der Schulaufsichtsbehörde für ihren Bezirk oder Teile desselben allgemein oder für einzelne Gewerbszweige gestatten, daß die Beschäftigung von Kindern über zwölf Jahre bereits von sechseinhalb Uhr morgens an und vor dem Vormittagsunterrichte stattfindet; jedoch darf sie vor dem Vormittagsunterricht nicht länger als eine Stunde dauern.

§ 9. Sonntagsruhe. An Sonn- und Festtagen (§ 105a Abs. 2 der Gewerbeordnung) dürfen Kinder, vorbehaltlich der Bestimmungen in Abs. 2, 3, nicht beschäftigt werden.

Für die öffentlichen theatralischen Vorstellungen und sonstigen öffentlichen Schaustellungen bewendet es auch an Sonn- und Festtagen bei den Bestimmungen des § 6

Für das Austragen von Waren, sowie für sonstige Botengänge bewendet es bei den Bestimmungen des § 8. Jedoch darf an Sonn- und Festtagen die Beschäftigung die Dauer von zwei Stunden nicht überschreiten und sich nicht über ein Uhr nachmittags erstrecken; auch darf sie nicht in der letzten halben Stunde vor Beginn des Hauptgottesdienstes und nicht während desselben stattfinden.

§ 10. Anzeige. Sollen Kinder beschäftigt werden, so hat der Arbeitgeber vor dem Beginne der Beschäftigung der Ortspolizeibehörde eine schriftliche Anzeige zu machen. In der Anzeige sind die Betriebsstätte des Arbeitgebers sowie die Art des Betriebs anzugeben.

Die Bestimmung des Abs. 1 findet keine Anwendung auf eine bloß gelegentliche Beschäftigung mit einzelnen Dienstleistungen.

§ 11. Arbeitskarte. Die Beschäftigung eines Kindes ist nicht gestattet, wenn dem Arbeitgeber nicht zuvor für dasselbe eine Arbeitskarte eingehändigt ist. Diese Bestimmung findet keine Anwendung auf eine bloß gelegentliche Beschäftigung mit einzelnen Dienstleistungen.

Die Arbeitskarten werden auf Antrag oder mit Zustimmung des gesetzlichen Vertreters durch die Ortspolizeibehörde desjenigen Ortes, an welchem das Kind zuletzt seinen dauernden Aufenthaltsort gehabt hat, kosten- und stempelfrei ausgestellt; ist die Erklärung des gesetzlichen Vertreters nicht zu beschaffen, so kann die Gemeindebehörde die Zustimmung ergänzen. Die Karten haben den Namen, Tag und Jahr der Geburt des Kindes sowie den Namen, Stand und letzten Wohnort des gesetzlichen Vertreters zu enthalten.

Der Arbeitgeber hat die Arbeitskarte zu verwahren, auf amtliches Verlangen vorzulegen und nach rechtmäßiger Lösung des Arbeitsverhältnisses dem gesetzlichen Vertreter wieder auszuhändigen. Ist die Wohnung des gesetzlichen Vertreters nicht zu ermitteln, so erfolgt die Aushändigung der Arbeitskarte an die im Abs. 2 bezeichnete Ortspolizeibehörde.

Die Bestimmungen des § 4 des Gewerbegerichtsgesetzes vom 29. September 1901 (Reichs-Gesetzbl. S. 353) über die Zuständigkeit der Gewerbegerichte für Streitigkeiten hinsichtlich der Arbeitsbücher finden entsprechende Anwendung.

III. Beschäftigung eigener Kinder.

§ 12. Verbotene Beschäftigungsarten. In Betrieben, in denen gemäß den Bestimmungen des § 4 fremde Kinder nicht beschäftigt werden dürfen, sowie in Werkstätten, in welchen durch elementare Kraft (Dampf, Wind, Wasser, Gas, Luft, Elektrizität u. s. w.) bewegte Triebwerke nicht bloß vorübergehend zur Verwendung kommen, ist auch die Beschäftigung eigener Kinder untersagt.

§ 13. Beschäftigung im Betriebe von Werkstätten, im Handelsgewerbe und in Verkehrsgewerben. Im Betriebe von Werkstätten, in denen die Beschäftigung von Kindern nicht nach § 12 verboten ist, im Handelsgewerbe und in Verkehrsgewerben dürfen eigene Kinder unter zehn Jahren überhaupt nicht, eigene Kinder über zehn Jahren nicht in der Zeit zwischen acht Uhr abends und acht Uhr morgens und nicht vor dem Vormittagsunterricht beschäftigt werden. Um Mittag ist den Kindern eine mindestens zweistündige Pause zu gewähren. Am Nachmittage darf die Beschäftigung erst eine Stunde nach beendetem Unterricht beginnen.

Eigene Kinder unter zwölf Jahren dürfen in der Wohnung oder Werkstätte einer Person, zu der sie in einem der im § 3 Abs. 1 bezeichneten Verhältnisse stehen, für Dritte nicht beschäftigt werden.

An Sonn- und Festtagen dürfen auch eigene Kinder im Betriebe von Werkstätten und im Handelsgewerbe, sowie in Verkehrsgewerben nicht beschäftigt werden.

§ 14. Besondere Befugnisse des Bundesrats. Der Bundesrat ist ermächtigt, für die ersten zwei Jahre nach dem Inkrafttreten dieses Gesetzes für einzelne Arten der im § 12 bezeichneten Werkstätten, in denen durch elementare Kraft bewegte Triebwerke nicht bloß vorübergehend zur Verwendung kommen, und der im § 13 Abs. 1 bezeichneten Werkstätten Ausnahmen von den daselbst vorgesehenen Bestimmungen zuzulassen.

Nach Ablauf dieser Zeit kann der Bundesrat für einzelne Arten der im § 12 bezeichneten Werkstätten mit Motorbetrieb die Beschäftigung eigener Kinder nach Maßgabe der Bestimmungen im § 13 Abs. 1 unter der Bedingung gestatten, daß die Kinder nicht an den durch die Triebkraft bewegten Maschinen beschäftigt werden dürfen. Auch kann der Bundesrat für einzelne Arten der im § 13 Abs. 1 bezeichneten Werkstätten Ausnahmen von dem Verbote der Beschäftigung von Kindern unter zehn Jahren zulassen, sofern die Kinder mit besonders leichtem und ihrem Alter angemessenen Arbeiten beschäftigt werden; die Beschäftigung darf nicht in der Zeit zwischen acht Uhr abends und acht Uhr morgens stattfinden; um Mittag ist den Kindern eine mindestens zweistündige Pause zu gewähren, am Nachmittag darf die Beschäftigung erst eine Stunde nach beendetem Unterricht beginnen. Die Ausnahmebestimmungen können allgemein oder für einzelne Bezirke erlassen werden.

§ 15. Beschäftigung bei öffentlichen theatralischen Vorstellungen und anderen öffentlichen Schaustellungen. Auf die Beschäftigung eigener Kinder bei öffentlichen theatralischen Vorstellungen und anderen öffentlichen Schaustellungen finden die Bestimmungen des § 6 Anwendung.

§ 16. Beschäftigung im Betriebe von Gast- und von Schankwirtschaften. Im Betriebe von Gast- und von Schankwirtschaften dürfen Kinder unter zwölf Jahren überhaupt nicht und Mädchen (§ 2) nicht bei der Bedienung der Gäste beschäftigt werden. Die untere Verwaltungsbehörde ist befugt, nach Anhörung der Schulaufsichtsbehörde in Orten, welche nach der jeweilig letzten Volkszählung weniger als zwanzigtausend Einwohner haben, für Betriebe, in welchen in der Regel ausschließlich zur Familie des Arbeitgebers gehörige Personen beschäftigt werden, Ausnahmen zuzulassen. Im übrigen finden auf die Beschäftigung von eigenen Kindern die Bestimmungen des § 13 Abs. 1 Anwendung.

§ 17. Beschäftigung beim Austragen von Waren und bei sonstigen Botengängen. Auf die Beschäftigung beim Austragen von Zeitungen, Milch und Backwaren finden die Bestimmungen im § 8, § 9 Abs. 3 dann Anwendung, wenn die Kinder für Dritte beschäftigt werden.

Im übrigen ist die Beschäftigung von eigenen Kindern beim Austragen von Waren und bei sonstigen Botengängen gestattet. Durch Polizeiverordnungen der zum Erlasse solcher berechtigten Behörden kann die Beschäftigung beschränkt werden.

IV. Gemeinsame Bestimmungen.

§ 18. Werkstätten im Sinne dieses Gesetzes. Als Werkstätten gelten neben den Werkstätten im Sinne des § 105 b Abs. 1 der Gewerbeordnung auch Räume, die zum Schlafen, Wohnen oder Kochen dienen, wenn darin gewerbliche Arbeit verrichtet wird, sowie im Freien gelegene gewerbliche Arbeitsstellen.

§ 19. Abweichungen von der gesetzlichen Zeit. Beträgt der Unterschied zwischen der gesetzlichen Zeit und der Ortszeit mehr als eine Viertelstunde, so kann die höhere Verwaltungsbehörde bezüglich der in diesem Gesetze vorgesehenen Bestimmungen über Anfang und Ende der zulässigen täglichen Arbeitszeit für ihren Bezirk oder einzelne Teile desselben Abweichungen von der Vorschrift über die gesetzliche Zeit in Deutschland (Gesetz vom 12. März 1893, Reichs-Gesetzbl. S. 93) zulassen. Die Abweichungen dürfen nicht mehr als eine halbe Stunde betragen. Die gesetzlichen Bestimmungen über die zulässige Dauer der Beschäftigung bleiben unberührt.

§ 20. Besondere polizeiliche Befugnisse. Die zuständigen Polizeibehörden können im Wege der Verfügung eine nach den vorstehenden Bestimmungen zulässige Beschäftigung, sofern dabei erhebliche Mißstände zu Tage getreten sind, auf Antrag oder nach Anhörung der Schulaufsichtsbehörde für einzelne Kinder einschränken oder untersagen, sowie, wenn für das Kind eine Arbeitskarte erteilt ist (§ 11), diese entziehen und die Erteilung einer neuen Arbeitskarte verweigern.

Die zuständigen Polizeibehörden sind ferner befugt, zur Beseitigung erheblicher, die Sittlichkeit gefährdender Mißstände im Wege der Verfügung für einzelne Gast- oder Schankwirtschaften die Beschäftigung von Kindern weiter einzuschränken oder zu untersagen.

§ 21. Aufsicht. Insoweit nicht durch Bundesratsbeschluß oder durch die Landesregierungen die Aufsicht anderweitig geregelt ist, finden die Bestimmungen des § 139b der Gewerbeordnung Anwendung.

In Privatwohnungen, in denen ausschließlich eigene Kinder beschäftigt werden, dürfen Revisionen während der Nachtzeit nur stattfinden, wenn Tatsachen vorliegen, welche den Verdacht der Nachtbeschäftigung dieser Kinder begründen.

§ 22. Zuständige Behörden. Welche Behörden in jedem Bundesstaat unter der Bezeichnung: höhere Verwaltungsbehörde, untere Verwaltungsbehörde, Schulaufsichtsbehörde, Gemeindebehörde, Polizeibehörde, Ortspolizeibehörde zu verstehen sind, wird von der Zentralbehörde des Bundesstaats bekannt gemacht.

V. Strafbestimmungen.

§ 23. Mit Geldstrafe bis zu zweitausend Mark wird bestraft, wer den §§ 4 bis 8 zuwiderhandelt.

Im Falle gewohnheitsmäßiger Zuwiderhandlung kann auf Gefängnisstrafe bis zu sechs Monaten erkannt werden.

Der § 75 des Gerichtsverfassungsgesetzes findet Anwendung.

§ 24. Mit Geldstrafe bis zu sechshundert Mark wird bestraft:

1. wer dem § 9 zuwider Kinder an Sonn- und Festtagen Beschäftigung gibt;

2. wer den auf Grund des § 20 hinsichtlich der Beschäftigung fremder Kinder endgültig ergangenen Verfügungen zuwiderhandelt.

Im Falle gewohnheitsmäßiger Zuwiderhandlung kann auf Haft erkannt werden.

§ 25. Mit Geldstrafe bis zu einhundertfünfzig Mark wird bestraft:

1. wer den §§ 12 bis 16, § 17 Abs. 1 zuwiderhandelt;

2. wer den auf Grund des § 20 hinsichtlich der Beschäftigung eigener Kinder endgültig ergangenen Verfügungen oder den auf Grund des § 17 Abs. 2 erlassenen Vorschriften zuwiderhandelt.

Im Falle gewohnheitsmäßiger Zuwiderhandlung kann auf Haft erkannt werden

§ 26. Mit Geldstrafe bis zu dreißig Mark werden Arbeitgeber bestraft, welche es unterlassen, den durch § 10 für sie begründeten Verpflichtungen nachzukommen.

§ 27. Mit Geldstrafe bis zu zwanzig Mark wird bestraft:

1. wer entgegen der Bestimmung des § 11 Abs. 1 ein Kind in Beschäftigung nimmt oder behält;

2. wer der Bestimmung des § 11 Abs. 3 in Ansehung der Arbeitskarten zuwiderhandelt.

§ 28. Die Strafverfolgung der im § 24 bezeichneten Vergehen verjährt binnen drei Monaten.

§ 29. Die Bestimmungen des § 151 der Gewerbeordnung finden Anwendung.

VI. Schlußbestimmungen.

§ 30. Die vorstehenden Bestimmungen stehen weitergehenden landesrechtlichen Beschränkungen der Beschäftigung von Kindern in gewerblichen Betrieben nicht entgegen.

§ 31. Dieses Gesetz tritt mit dem 1. Januar 1904 in Kraft.

b) Bayerische Ausführungsanweisung zum Kinderschutzgesetz, Bekanntmachung vom 20. Dezember 1903.

(Gesetz- und Verordnungsblatt 1903 S. 681.)

Kgl. Staatsministerium des Innern.

Zum Vollzuge des Gesetzes, betr. Kinderarbeit in gewerblichen Betrieben, vom 30. März 1903 ergeht im Einverständnis mit dem K. Staatsministerium des Innern für Kirchen- und Schulangelegenheiten nachstehende Entschließung:

A. Zuständige Behörden.

1. Unter höherer Verwaltungsbehörde sind die Kreisregierungen, Kammern des Innern, zu verstehen.
2. Unter untere Verwaltungsbehörde sind die Distriktsverwaltungsbehörden, in München die Polizeidirektion, zu verstehen.
3. Unter Schulaufsichtsbehörde sind zu verstehen: in den Fällen der §§ 6, 8 und 16 des Gesetzes die Distriktsschulinspektionen, in den unmittelbaren Städten die Lokal- (Stadt-) Schulkommissionen, in den Fällen des § 20 des Gesetzes die Lokalschulinspektionen, in der Pfalz die Ortsschulkommissionen, in den unmittelbaren Städten die Lokal- (Stadt-) Schulkommissionen.
4. Unter Gemeindebehörde und Polizeibehörde sind die Ortspolizeibehörden, in München die Polizeidirektion, zu verstehen.

B. Zulassung von Ausnahmen für die Beschäftigung bei öffentlichen theatralischen Vorstellungen und anderen öffentlichen Schaustellungen.

(§ 6 Abs. 2, § 9 Abs. 2, § 15.)

Die untere Verwaltungsbehörde hat vor Gewährung der Ausnahme neben der Frage, ob bei der Vorstellung oder Schaustellung ein höheres Interesse der Kunst oder Wissenschaft obwaltet, namentlich auch zu prüfen, ob der Beschäftigung von Kindern überhaupt und in der in Aussicht genommenen Zahl sowie von Kindern der betreffenden Altersstufe und zu der betreffenden Tageszeit im vorliegenden Falle Bedenken entgegenstehen, und ob die Person des Leiters des Unternehmens genügende Sicherheit dafür bietet, daß die Kinder vor sittlichen Gefahren behütet bleiben. Sie hat ferner zur Vermeidung von Gesundheitsschädigungen der Kinder dafür Sorge zu tragen, daß das Auftreten in angemessenen Zwischenräumen stattfindet. Für die Begrenzung des Begriffs der Vorstellungen und Schaustellungen, bei denen ein höheres Interesse der Kunst oder Wissenschaft obwaltet, ist die bei Ausführung des § 33a der Gewerbeordnung gewonnene Praxis maßgebend. Die sogenannten Spezialitäten-, Akrobaten- und Artistenvorstellungen, die Zirkusaufführungen und ähnliche Veranstaltungen fallen daher nicht unter die Ausnahmebestimmung des § 6 Abs. 2 des Gesetzes.

C. Zulassung von Ausnahmen für die Beschäftigung von Kindern beim Austragen von Waren und bei sonstigen Botengängen.

(§ 8 Abs. 2, § 9 Abs. 3, § 17 Abs. 1.)

Die unteren Verwaltungsbehörden haben von der ihnen zustehenden Befugnis nur für solche Orte und nur für solche Gewerbszweige Gebrauch zu machen, in denen schon bisher die Frühbeschäftigung von Kindern üblich war. Sie haben ferner bei der Zulassung von Ausnahmen darauf zu sehen, daß nirgends über das zur Eingewöhnung in die neuen gesetzlichen Vorschriften unbedingt erforderliche Maß hinausgegangen wird und daher die Ausnahmen grundsätzlich nicht im voraus für die ganze zulässige Zeit, sondern nur für einen beschränkten Zeitraum zu gewähren. Nur soweit sich ergeben sollte, daß sich trotz ernstlicher Bemühungen der beteiligten Gewerbetreibenden ein ausreichender Ersatz für die Frühbeschäftigung der Kinder einstweilen noch nicht hat beschaffen lassen, ist die Ausnahmebewilligung entsprechend zu verlängern.

D. Anzeige im Falle der Beschäftigung fremder Kinder.

(§ 10.)

Auf Grund der Anzeigen ist von der Ortspolizeibehörde nach dem Muster (Beilage 1) ein Verzeichnis derjenigen Betriebe zu führen, welche fremde Kinder beschäftigen. Das Verzeichnis ist dem zuständigen Gewerbeaufsichtsbeamten auf Ersuchen zur Einsicht vorzulegen.

E. Arbeitskarten.

(§ 11.)

1. Für Kinder, welche das zwölfte Lebensjahr noch nicht vollendet haben, dürfen Arbeitskarten in der Regel nicht aus-

gestellt werden. Sollen jüngere Kinder bei Vorstellungen und Schaustellungen, bei denen ein höheres Interesse der Kunst oder Wissenschaft obwaltet, beschäftigt werden, so ist für sie eine Arbeitskarte dann auszustellen, wenn das Vorliegen einer von der unteren Verwaltungsbehörde erteilten Erlaubnis glaubhaft nachgewiesen ist. Sofern ein solcher Nachweis von dem Antragsteller selbst nicht beigebracht werden kann, hat die ausstellende Behörde in geeigneter Weise vor der Ausstellung der Arbeitskarte festzustellen, daß die Erlaubnis erteilt ist. In die Arbeitskarte ist in diesen Fällen unter „Bemerkungen" ein Hinweis aufzunehmen, daß die Arbeitskarte nur für die Beschäftigung bei öffentlichen Vorstellungen oder Schaustellungen gültig ist.

2. Die Arbeitskarten werden von den Ortspolizeibehörden ausgestellt. Sie müssen auf grauem Papiere hergestellt sein und nach Format und Druck mit dem Muster (Beilage 2) übereinstimmen.

3. Über die ausgestellten Arbeitskarten ist nach dem Muster (Beilage 3) ein für jedes Kalenderjahr abzuschließendes Verzeichnis zu führen.

4. Die Ortspolizeibehörde hat Arbeitskarten nur für solche Kinder auszustellen, welche im Bezirk ihren letzten dauernden Aufenthalt gehabt haben.

5. Wird der Antrag auf Ausstellung einer Arbeitskarte nicht von dem gesetzlichen Vertreter des Kindes gestellt, so hat die Ortspolizeibehörde den Nachweis zu fordern, daß er dem Antrage zustimmt, oder in den Fällen, wo die Erklärung des gesetzlichen Vertreters nicht beschafft werden kann, daß die Gemeindebehörde desjenigen Ortes, wo das Kind seinen letzten dauernden Aufenthalt gehabt hat, die Zustimmung des gesetzlichen Vertreters ergänzt hat (§ 11 Abs. 2 des Gesetzes).

Daß die Erklärung des gesetzlichen Vertreters nicht zu beschaffen sei, wird in der Regel nur anzunehmen sein, wenn er körperlich oder geistig unfähig ist, eine Erklärung abzugeben, oder wenn sein Aufenthalt unbekannt oder derart ist, daß ein mündlicher oder schriftlicher Verkehr mit ihm nicht möglich ist Die Ergänzung der Zustimmung des gesetzlichen Vertreters ist, wo sie gesetzlich begründet erscheint, schriftlich auszusprechen und mit Unterschrift und Siegel zu versehen.

Der Nachweis der Zustimmung des gesetzlichen Vertreters ist durch Beibringung einer mündlichen oder schriftlichen Erklärung, der Nachweis der Ergänzung der Zustimmung durch die Gemeindebehörde durch die schriftliche Bescheinigung der letzteren (Abs. 2) zu erbringen.

6. Für jedes Kind, für das die Ausstellung einer Arbeitskarte beantragt wird, ist, sofern Jahr und Tag der Geburt nicht anderweit feststehen, die Vorlegung einer Geburtsurkunde (Geburts-, Taufschein) zu fordern.

7. Die Ausstellung der Arbeitskarte erfolgt durch Ausfüllung des Formulars nach dem beigegebenen Muster. Die Nummer der Arbeitskarte muß mit der laufenden Nummer des Verzeichnisses der Arbeitskarten (Zimmer 3) übereinstimmen. Die Aushändigung der Arbeitskarte darf erst erfolgen, wenn alle Spalten des Verzeichnisses der Arbeitskarten ausgefüllt sind.

8. Vor Ausstellung einer Arbeitskarte ist — erforderlichenfalls durch Anfrage bei der Ortspolizeibehörde desjenigen Ortes, wo das Kind früher seinen dauernden Aufenthalt gehabt hat — festzustellen, ob für dasselbe Kind bereits früher eine Arbeitskarte ausgestellt ist. In diesem Falle ist darauf zu halten, daß die bisherige Arbeitskarte vor Aushändigung der neuen abgeliefert wird, es sei denn, daß sie verloren gegangen, vernichtet oder von dem Arbeitgeber nicht wieder ausgehändigt ist. Ferner ist festzustellen, ob etwa der Ausstellung der Arbeitskarte um deswillen Bedenken entgegenstehen, weil für das Kind die Beschäftigung untersagt ist (§ 20 Abs. 1 Ges.).

Die Ausstellung einer neuen Arbeitskarte unterliegt denselben Vorschriften wie diejenige der ersten; jedoch bedarf es der Vorlegung einer Geburtsurkunde nicht, wenn die bisherige Arbeitskarte eingeliefert wird. Daß eine Arbeitskarte an Stelle einer früheren, unbrauchbar gewordenen, verloren gegangenen und dergl. ausgestellt ist, hat die ausstellende Behörde unter „Bemerkungen" in die Arbeitskarte und in das Verzeichnis der Arbeitskarten (Ziffer 3) einzutragen. Vermerke, wonach die Beschäftigung des Kindes eingeschränkt ist (lit. G.), sind aus der früheren Arbeitskarte in die neu ausgestellte zu übernehmen.

9. Die Aushändigung der Arbeitskarte erfolgt nicht an das Kind, sondern an den gesetzlichen Vertreter oder an den Arbeitgeber des Kindes.

Von jeder Ausstellung einer Arbeitskarte ist dem Vorsteher der Schule, welche das Kind besucht, Mitteilung zu machen.

10. Die Ortspolizeibehörden haben sich zeitig mit einer hinreichenden Anzahl von Formularen zu Arbeitskarten zu versehen und solche fortlaufend vorrätig zu halten.

F. Zulassung von Ausnahmen hinsichtlich der Beschäftigung eigener Kinder im Betriebe von Gast- und von Schankwirtschaften.

(§ 16.)

Die unteren Verwaltungsbehörden sind hinsichtlich der Altersgrenze, bis zu der herab sie Ausnahmen in der Beschäftigung der eigenen Kinder zulassen wollen, durch das Gesetz nicht beschränkt, doch wird grundsätzlich nicht unter das Alter von zehn Jahren herabzugehen sein.

Die unteren Verwaltungsbehörden haben Ausnahmen nur für solche Orte und für solche kleineren Wirtschaftsbetriebe zuzulassen, wo nach Lage der Verhältnisse von der erweiterten Beschäftigung der eigenen Kinder sittliche Gefahren oder sonstige Nachteile für diese nicht zu befürchten sind und durch die einschlägige Verbotsbestimmung ungerechtfertigte Härten hervorgerufen werden würden. Für die Vororte der größeren Städte ist in der Regel von der Zulassung einer erweiterten Beschäftigung der eigenen Kinder abzusehen.

Die Ausnahmen können auch allgemein für alle Gast- oder Schankwirtschaftsbetriebe der bezeichneten Art zugelassen werden. Sie sind sogleich zurückzunehmen, wenn sich Mißstände infolge der erweiterten Beschäftigung der eigenen Kinder herausstellen.

G. Polizeiliche Verfügungen auf Grund des § 20.

Zum Erlaß der Verfügung nach § 20 Abs. 1 ist die Ortspolizeibehörde desjenigen Ortes zuständig, an welchem das Kind seinen letzten dauernden Aufenthalt gehabt hat. Die Verfügung kann von Amts wegen oder auf Antrag der Schulaufsichtsbehörde ergehen. Wenn sie von Amts wegen erlassen werden soll, so ist vorher die Schulaufsichtsbehörde zu hören.

Wird durch die polizeiliche Verfügung die Beschäftigung für ein Kind, für das eine Arbeitskarte erteilt ist, untersagt, so hat die Polizeibehörde in der Verfügung zugleich die Entziehung der Arbeitskarte auszusprechen. Die Entziehung ist unter „Bemerkungen" in das Verzeichnis der Arbeitskarten (E Ziffer 3) einzutragen. Erfolgt die Entziehung der Arbeitskarte nicht durch diejenige Ortspolizeibehörde, welche sie ausgestellt hat, so ist dieser behufs Eintragung in das Verzeichnis der Arbeitskarten davon Mitteilung zu machen. Ist die Arbeitskarte entzogen, so ist die Erteilung einer neuen Arbeitskarte grundsätzlich zu verweigern.

Ist für ein Kind, für das eine Arbeitskarte erteilt ist, nur eine Einschränkung der Beschäftigung verfügt, so hat die

Polizeibehörde umgehend die Arbeitskarte einzufordern und erst nach Eintragung der Einschränkung in diese in der Abteilung „Bemerkungen" wieder auszuhändigen. Wegen der Eintragung in das Verzeichnis der Arbeitskarten finden die Vorschriften im vorhergehenden Absatz entsprechende Anwendung.

Zum Erlaß der Verfügung nach § 20 Abs. 2 ist die Polizeibehörde desjenigen Ortes zuständig, in welchem die Gast- oder Schankwirtschaft betrieben wird.

Gegen die nach § 20 des Gesetzes ergehenden polizeilichen Verfügungen finden die allgemeinen Rechtsmittel gegen polizeiliche Verfügungen Anwendung.

H. Aufsicht.

1. Die Aufsicht über die Ausführung:

a) der Vorschriften über die Beschäftigung von Kindern in dem mit dem Speditionsgeschäfte verbundenen Fuhrwerksbetriebe (§ 4 Abs. 1) sowie im Handelsgewerbe und in Verkehsgewerben (§§ 5, 9 Abs. 1, §§ 13, 20 Abs. 1),

b) der Vorschriften über die Beschäftigung von Kindern bei öffentlichen theatralischen Vorstellungen und anderen öffentlichen Schaustellungen (§§ 6, 9 Abs. 2, § 15),

c) der Vorschriften über die Beschäftigung von Kindern im Betriebe von Gast- und von Schankwirtschaften (§§ 7, 9 Abs. 1, §§ 16, 20),

— zu a bis c einschließlich der Beschäftigung beim Austragen von Waren und bei sonstigen Botengängen (§§ 8, 9 Abs. 3, § 17) in diesen Betrieben —,

d) der die Anzeige betreffenden Bestimmungen (§ 10),

e) der die Arbeitskarte betreffenden Bestimmungen (§ 11), soweit es sich um die Beschäftigung im Handelsgewerbe, in Verkehrsgewerben und bei den unter b und c aufgeführten Beschäftigungsarten handelt,

wird von den Ortspolizeibehörden wahrgenommen.

Im übrigen wird die Aufsicht über die Ausführung der die Beschäftigung von Kindern regelnden Bestimmungen des Gesetzes von den Ortspolizeibehörden und den Gewerbeaufsichtsbeamten ausgeübt.

2. Die Befolgung der gesetzlichen Bestimmungen ist bei jeder sich darbietenden Gelegenheit, insbesondere bei den von den Ortspolizeibehörden oder den Gewerbeaufsichtsbeamten aus anderem Anlaß vorzunehmenden Revisionen der Betriebe

sorgfältig zu überwachen. Außerordentliche Revisionen sind nach Bedürfnis und insbesondere dann vorzunehmen, wenn der Verdacht einer gesetzwidrigen Beschäftigung von Kindern vorliegt.

3. Besondere Aufmerksamkeit ist den für Kinder verbotenen Beschäftigungsarten (§§ 4, 12) zuzuwenden.

Wenn sich aus der vom Arbeitgeber der Ortspolizeibehörde erstatteten Anzeige ergibt, daß Kinder in solchen Betrieben beschäftigt werden sollen, so ist von den Ortspolizeibehörden durch besondere bei den Gewerbeunternehmern von Zeit zu Zeit vorzunehmende Revisionen sorgfältig zu überwachen, daß die Beschäftigung nur bei dem gesetzlich gestatteten Austragen von Waren und bei sonstigen Botengängen (§ 8) stattfindet.

In gleicher Weise haben die Ortspolizeibehörden die Befolgung der die Arbeitskarte betreffenden Bestimmungen zu überwachen.

4. An der Hand des nach Abschnitt D dieser Anweisung zu führenden Verzeichnisses sind die fremde Kinder beschäftigenden Werkstätten, in denen die Beschäftigung nicht nach § 4 des Gesetzes verboten ist (§ 5), in Zukunft halbjährlich mindestens einer ordentlichen Revision durch die Ortspolizeibehörde zu unterziehen. Bei jeder ordentlichen Revision hat der revidierende Beamte folgende Punkte festzustellen:

a) wie groß ist die Zahl der zur Zeit im Betriebe der Werkstatt nicht lediglich mit Austragen von Waren oder bei sonstigen Botengängen beschäftigten Kinder?
b) stimmen das Alter dieser Kinder, die tägliche Arbeitszeit, die Lage der Arbeitsstunden und die Dauer und Lage der Pause mit den gesetzlichen Vorschriften überein?
c) sind diese Kinder, soweit die Beschäftigung nicht bloß gelegentlich mit einzelnen Dienstleistungen erfolgt, sämtlich mit Arbeitskarten versehen?

5. Nach jeder Revision, welche in einem fremde Kinder beschäftigenden Betriebe stattgefunden hat, ist von der Ortspolizeibehörde das Datum und die festgestellte Anzahl der beschäftigten Kinder in das nach Abschnitt D zu führende Verzeichnis einzutragen. Das Verzeichnis ist dem zuständigen Gewerbeaufsichtsbeamten auf Ersuchen zur Einsicht vorzulegen.

J. Schlußbestimmungen.

Die vorstehende Bekanntmachung ist durch die Amtsblätter zu veröffentlichen; auch ist in sonst geeigneter Weise dafür Sorge zu tragen, daß die beteiligten Kreise auf das Inkrafttreten des Gesetzes hingewiesen und über dessen Bestimmungen unterrichtet werden.

Die Ortspolizeibehörden haben sich unverzüglich mit dem erforderlichen Vorrate an Arbeitskarten zu versehen.

Wegen der etwa für die erste Zeit nach Inkrafttreten des Gesetzes auf Grund des § 8 Abs. 2 zuzulassenden Ausnahmen haben die unteren Verwaltungsbehörden alsbald das Erforderliche in die Wege zu leiten.

Alphabetisches Sachregister.

(Die Zahlen bedeuten die Seiten.)

A.

B.

Z.

Verlag von U. E. Sebald, Nürnberg und Leipzig.

Das
Dorftestament.

Mit einem erbrechtlichen Abriss sowie mit Beispielen (Entwürfen) aller vorkommenden diesbezüglichen Testamentserrichtungen.

Dargestellt

von

Dr. Wilhelm Dennler,
Kgl. Notar in Lauf a/P.

Mit einem ausführlichen Sachregister.

8° VI und 103 Seiten, gebunden: 1 Mk. 50 Pfg.

Da es häufig vorkommt, daß bei Testamentserrichtungen die bestehenden Vorschriften verletzt und hierdurch die Testamente ungültig werden, so wird dieses Werkchen namentlich den Herren **Gemeindevorstehern** und **Gutsbesitzern** gute Dienste leisten.

FSC
www.fsc.org
MIX
Papier | Fördert
gute Waldnutzung
FSC® C083411

Kolibri 360 GmbH
Ferdinand-Jühlke-Straße 7
99095 Erfurt, Deutschland
produktsicherheit@kolibri360.de